GÜTERSLOHER
VERLAGSHAUS

EINE PROVOKATION

FRANZ M. WUKETITS

WIE VIEL
MORAL
VERTRÄGT DER MENSCH?

GÜTERSLOHER VERLAGSHAUS

Bibliografische Information der Deutschen Nationalbibliothek

Die Deutsche Nationalbibliothek verzeichnet diese Publikation
in der Deutschen Nationalbibliografie; detaillierte bibliografische
Daten sind im Internet über http://dnb.d-nb.de abrufbar.

Mix
Produktgruppe aus vorbildlich bewirtschafteten
Wäldern und anderen kontrollierten Herkünften
www.fsc.org Zert.-Nr. GFA-COC-001278
© 1996 Forest Stewardship Council

Verlagsgruppe Random House FSC-DEU 0100
Das für dieses Buch verwendete FSC-zertifizierte Papier Munken Premium
liefert Arctic Paper Munkedals AB, Schweden

1. Auflage
Copyright © 2010 by Gütersloher Verlagshaus, Gütersloh,
in der Verlagsgruppe Random House GmbH, München

Umschlagbild: © Michaela Müller/Fotolia.com
Druck und Einband: CPI – Ebner & Spiegel, Ulm
Printed in Germany
ISBN 978-3-579-06754-4

www.gtvh.de

Je genauer man diese Welt betrachtet, desto mehr
Widersprüche und Inkonsequenzen entdeckt man in ihr.

(FRANÇOIS M. VOLTAIRE)

Man wird die Vermutung nicht los, dass hinter
jeder Paranoia wie hinter jeder Macht dieselbe
tiefere Tendenz steckt: Der Wunsch, die anderen
aus dem Wege zu räumen, damit man der einzige
sei, oder, in der milderen und häufig zugegebenen
Form, der Wunsch, sich der anderen zu bedienen,
dass man mit ihrer Hilfe der einzige werde.

(ELIAS CANETTI)

INHALT

VORWORT

Derzeit wird vielerorts ein Werteverfall beklagt, und es hat den Anschein, dass diese Klage berechtigt sei und die Moral tatsächlich an Bedeutung verlöre. Die Finanzkrise hat die Skrupellosigkeit und Gier mancher Wirtschaftsbosse ans Tageslicht befördert, im Sport jagt ein Doping-Skandal den anderen und selbst in der hehren Wissenschaft gibt es nicht wenige, die, von ungebändigtem Ehrgeiz getrieben, mit unlauteren Mitteln wenn schon nicht zu Geld, so doch zumindest zu Ruhm und Ehre gelangen wollen. Nicht zu vergessen ist die katholische Kirche – eine Hüterin der Moral –, die derzeit wegen sexueller Übergriffe nicht weniger ihrer Würdenträger gebeutelt wird. Doch auch im familiären und beruflichen Alltag scheint Moral zunehmend in den Hintergrund zu treten, Lug und Trug scheinen eher die Regel als die Ausnahme zu sein. Aber Vorsicht! In praktisch allen Zeitaltern wurde ein Werteverlust diagnostiziert, und mahnende, auf mangelnde Moral weisende Zeigefinger begleiten unsere Geschichte seit der Antike. Die derzeitige Situation ist also nicht so neu, wie man glauben möchte. Es ist wohl nur natürlich, dass man das eigene Zeitalter etwas anders wahrnimmt als die Vergangenheit.

Haben wir uns mit unseren jeweiligen Moralansprüchen vielleicht zu viel vorgenommen? Vertragen wir möglicherweise weniger Moral, als wir uns mit unseren eigenen Moralsystemen vorschreiben?

Die Sichtweise der modernen Evolutionstheorie legt eine nüchterne Betrachtung der menschlichen Moralfähigkeit nahe und gibt zu bedenken, dass wir Menschen, wie alle anderen Arten von Lebewesen

→ *Egoisten* sind,

→ in erster Linie das Problem des *Überlebens* (= erfolgreiche Fortpflanzung) zu lösen haben,

→ im Dienste des Überlebens *Ressourcen* benötigen und

→ um diese im Wettbewerb miteinander stehen.

Von Natur aus ist der Mensch also weder gut, noch böse, sondern macht nur, was ihm sein biologischer Imperativ gebietet. Was soll ihm da noch »Moral«?

Als soziales Lebewesen ist der Mensch allerdings auf ein Miteinander mit Artgenossen angewiesen. Seine geistigen Fähigkeiten ermöglichen ihm obendrein, sein Verhalten und Handeln kritisch zu reflektieren. So hat er »Gut« und »Böse« erfunden, und es ist kein Zufall, dass Moralvorstellungen (Werte und Normen) in allen seinen Kulturen und Gesellschaften anzutreffen sind. Dabei sind Formen der Kooperation und gegenseitigen Hilfe – gleichsam als moralische Minimalforderungen – praktisch universell etabliert. Allerdings ist der Mensch von Natur aus ein *Kleingruppenwesen* und auf das Leben in anonymen Massengesellschaften seiner evolutionären Veranlagung gemäß nicht vorbereitet. Er ist sozusagen der geborene Nepotist, ausgestattet also mit der Neigung zur Vetternwirtschaft. Hier begegnen wir einem grundsätzlichen Problem: Ist eine Erweiterung der »Kleingruppenmoral«

möglich? Ja, ist sie überhaupt wünschenswert, falls damit nur die Vetternwirtschaft ausgeweitet wird?

Im vorliegenden Buch gehe ich – nach einer kurzen Einleitung, die klären soll, was »Moral« eigentlich ist – zunächst auf die Fragen nach der Herkunft und dem Zweck moralischen Verhaltens ein, wobei der Verschränkung der biologischen mit der sozialen beziehungsweise soziokulturellen Evolution Rechnung getragen wird. Anschließend erörtere ich das Problem der Moral in Massengesellschaften, was zur zentralen Frage des Buches überleiten wird: Wie viel Moral verträgt der Mensch? Diese Kapitel werden konkrete (»praktische«) Beispiele vor allem aus den Bereichen Wirtschaft und Wissenschaft enthalten. Die Grundthese des Buches lautet: Unsere Moralfähigkeit ist begrenzt, jedes idealistische Werte- und Normensystem ist zum Scheitern verurteilt. Dennoch hat – wie im letzten Kapitel dargelegt wird – das »Gute« eine Chance, wenn wir unsere Gesellschaften an die Bedürfnisse des Individuums anpassen (und nicht umgekehrt). Es gilt, die uns von der Evolution sozusagen mitgegebenen Neigungen zur Kooperation und gegenseitigen Hilfe zu fördern. Wir Menschen sind keine Engel, aber auch keine geborenen Totschläger. Wenn das »Gute« in uns gegen das »Böse« obsiegen soll, müssen wir allerdings die derzeitigen gesellschaftlichen Rahmenbedingungen unseres Lebens ändern. Einige Vorschläge dazu werden in diesem Buch ausgebreitet – vor einer Diktatur der Moral aber wird gewarnt.

Das Buch wendet sich an einen breiten Leserkreis und will als Sachbuch informieren – und provozieren. Trotz des im Grunde ernsten Themas habe ich versucht, es so unterhaltsam wie möglich zu gestalten. Ich war auch bemüht, mich mit

Fachterminologie zurückzuhalten. Manche mehr oder weniger spezielle Begriffe ließen sich allerdings nicht vermeiden. Hier mag das angehängte Glossar helfen, wo ich bei nicht eindeutig definierten Begriffen auch angebe, wie ich sie verwende. Und noch eins. Ich befasse mich in diesem Buch nicht mit den verschiedenen Strömungen beziehungsweise Positionen innerhalb der Ethik, der (philosophischen) Disziplin, die von Moral handelt. Darüber gibt es viele einschlägige Bücher, von denen einige im Literaturverzeichnis angeführt sind.

Franz M. Wuketits   *Wien, im April 2010*

EINLEITUNG: **VERFALL** ODER **UMWERTUNG** ALLER WERTE?

> Ach, die Werte!
>
> HARTMUT VON HENTIG

Lassen wir gleich einmal Friedrich Nietzsche (1844-1900) zu Wort kommen, jenen »aufwieglerischen« Philosophen, der nach wie vor ebenso viel Zustimmung wie Ablehnung erntet. In der Vorrede zu seiner Streitschrift *Zur Genealogie der Moral* lesen wir Folgendes:

> Wir haben eine Kritik der moralischen Werte nötig, der Wert dieser Werte ist selbst erst einmal in Frage zu stellen – und dazu tut eine Kenntnis der Bedingungen und Umstände not, aus denen sie gewachsen, unter denen sie sich entwickelt und verschoben haben (Moral als Folge, als Symptom, als Maske ..., als Krankheit, als Mißverständnis; aber auch Moral als Ursache, als Heilmittel, als Stimulans, als Hemmung, als Gift), wie eine solche Kenntnis weder bis jetzt da war, noch auch begehrt worden ist. Man nahm den Wert dieser »Werte« als gegeben, als tatsächlich ...; man hat bisher nicht im entferntesten daran gezweifelt und geschwankt, »den Guten« für höherwertig als »den Bösen« anzusetzen, höherwertig im Sinne der Förderung, Nützlichkeit, Gedeihlichkeit in Hinsicht auf den Menschen überhaupt (die Zukunft des Menschen eingerechnet). Wie? Wenn das Umgekehrte die Wahrheit wäre? Wie? Wenn im »Guten« auch ein Rück-

gangssymptom läge, insgleichen eine Gefahr, eine Verführung, ein Gift, ein Narkotikum, durch das etwa die Gegenwart auf Kosten der Zukunft lebte? ... So daß gerade die Moral die Gefahr der Gefahren wäre (vgl. Nietzsche 1983, S. 285).

Über die Herkunft der Moral und die Bedingungen, unter denen Werte entstanden sind, ist mittlerweile viel geschrieben worden; darüber bräuchte sich Nietzsche heute keine Sorgen zu machen. Die Behauptung aber, dass Moral ihre »giftigen« Seiten hat und überhaupt große Gefahren in sich birgt, erscheint immer noch manchem wohl als eine Ungeheuerlichkeit. Doch ich bitte um Geduld; darauf wie auch auf die Herkunft der Moral wird in diesem Buch noch ausführlich einzugehen sein.

Was aber ist *Moral*? Moral und Sitte, so entnehmen wir einem modernen *Lexikon der Ethik*, »stellen den für die Daseinsweise der Menschen konstitutiven (keineswegs auf Fragen der Sexualität beschränkten) normativen Grundrahmen für das Verhalten vor allem zu den Mitmenschen, aber auch zur Natur und zu sich selbst dar« (Höffe 1997, S. 204). Sie schreiben uns also vor, was wir tun sollen. Heerscharen von Philosophen haben sich seit der Antike den Kopf darüber zerbrochen, wie unser »Sollen«, also das moralisch richtige Handeln, begründet werden könne. Denn es geht ja, frei nach Sokrates (469-399 v. Chr.) gesagt, um nicht weniger als um die Frage, *wie man leben soll*. Sokrates war der erste Moralphilosoph des Abendlandes, und sein Lebensende verleiht schon dem Anfang dieser philosophischen Disziplin – also Moralphilosophie oder Ethik – eine Symbolik des Tragischen und des Doppelbödigen. Er wurde angeklagt, dass er nicht an die staatlichen Götter glaube und die Jugend verderbe, und zum Tode durch den Giftbecher verurteilt – dem er sich aus Achtung vor dem Gesetz nicht durch Flucht entziehen wollte (!). Ist es nicht aberwitzig, das eigene Leben freiwillig einem Gesetz zu opfern, von dem man selbst nicht überzeugt ist? Aber Sokrates sah das wohl anders ...

Das bringt uns auch schon zu einer Definition von Moral, wie ich sie bereits in früheren Veröffentlichungen zum Thema (siehe Literaturverzeichnis) vorgetragen habe: Moral ist die Summe aller Regeln (Normen, Wertvorstellungen), die der Aufrechterhaltung beziehungsweise Stabilisierung einer Gesellschaft oder Sozietät dienen. Bei der jeweils betreffenden Sozietät kann es sich um eine Familie oder einen Familienverband handeln, eine Religionsgemeinschaft, einen Taubenzüchterverein, eine staatlich organisierte Gesellschaft, eine Verbrecherorganisation und vieles mehr. Ja, ganz richtig – auch kriminelle Vereinigungen werden von bestimmten Normen zusammengehalten, unabhängig davon, dass sie nach außen hin unmoralische Aktivitäten entfalten. Meine Definition von Moral ist also eine rein funktionale und sagt nichts darüber aus, ob – und, wenn ja, inwieweit – bestimmte Normen und Wertvorstellungen allgemeine Akzeptanz finden sollen. Diese Definition stützt sich aber auf die einfache empirische Tatsache, dass in allen Gesellschaften – welcher Form auch immer – irgendeine Moral gilt. Gänzlich ohne (moralische) Regeln kann anscheinend keine Sozietät existieren. Doch so wie es keine Gesellschaft ohne Moral gibt, existiert auch keine Moral, die für alle Gesellschaften verbindlich wäre. *Es gibt also keine absoluten Werte.*

Mit dieser Aussage habe ich bei manchen Vorträgen und

Diskussionen schon irritiertes Kopfschütteln oder gar Empörung ausgelöst. »Ja, woran soll ich mich denn halten?« ist die häufig aufgeworfene Frage. Diese Frage kann freilich nur jemand stellen, der davon überzeugt ist, dass Normen und Werte gleichsam höheren Ursprungs und unwandelbar seien. Dabei müsste doch leicht einzusehen sein, dass Normen und Werte ihre Geschichte haben und einem dynamischen Wandel unterliegen. Während beispielsweise noch im England des 19. Jahrhunderts die Sklaverei auch in gebildeten Bevölkerungsschichten durchaus befürwortet und nicht als unmoralisch angesehen wurde, wird heute kaum ein Brite die Versklavung von Menschen als moralisch korrekt empfinden. Aber ich gehe noch einen Schritt weiter. Selbst im Laufe eines individuellen Lebens können sich Moralvorstellungen – zum Teil sehr stark – wandeln. Und wer ein bestimmtes Alter erreicht hat und von sich behauptet, er habe immer und ausnahmslos die gegebenen moralischen Regeln befolgt, dem glaube ich persönlich nicht. Der hat wahrscheinlich die sprichwörtliche – wenn nicht gar die buchstäbliche – Leiche im Keller und will nur davon ablenken. Wer hier bereits eine Provokation vermutet, dem muss ich entgegnen, dass ich das völlig ernst meine. Der Philosoph Bernulf Kanitscheider erinnert in der autobiographischen Einleitung zu seinem Buch *Die Materie und ihre Schatten* an »die alle moralischen Grundsätze überschreitenden Organisationsstrategien zur Gewinnung von Lebensmitteln« (2007, S. 11) in den Hungerjahren am Ende des Zweiten Weltkriegs und in der Nachkriegszeit. Dass dem Fressen gegenüber der Moral Priorität zukommt, wird aber wahrscheinlich niemand, der jene Jahre erlebt – und überlebt – hat, ernsthaft bezweifeln.

Zwar sind Vorstellungen von Moral beim Menschen universell – jede Gesellschaft hat ihre, wie auch immer gearteten, Werte und Normen –, aber es dürfte keine Gesellschaft geben, in der sich ausnahmslos alle immer an die jeweiligen Moralvorstellungen halten. Anders gesagt: Überall gibt es einige »Abweichler«, die sich nicht so verhalten, wie sie sich verhalten sollten, und zwar auch dann, wenn sie nicht aus der Not heraus agieren. Die Frage muss schon erlaubt sein, ob sich der Mensch vielleicht mit manchen seiner Moralprinzipien die Latte zu hoch gelegt hat und sich damit selbst überfordert. Schließlich sind nicht alle, die die jeweiligen Wertvorstellungen und Normen verletzen, automatisch Verbrecher. Im Gegenteil, die wahren Verbrechen begehen häufig die selbsternannten Hüter der Moral. Wir werden darauf noch zurückkommen.

Der heute oft beklagte Verfall von Werten ist jedenfalls zu relativieren. Man sollte vielleicht besser vom *Verlust* von Werten sprechen, an deren Stelle möglicherweise andere treten werden. Außerdem ist ja nicht gesagt, dass alles, was – zum Beispiel in unserer Kultur – bislang an Werten propagiert wurde, auch unsere Zustimmung finden muss. Wenn man etwa an »Vaterlandstreue« denkt, die mit dem Zwang verbunden ist, dem Land mit der Waffe zu dienen und sich unter Umständen erschießen zu lassen, dann kann man darauf wohl verzichten. Auf der anderen Seite ist heute nicht zu übersehen, dass allerorten, insbesondere in der Politik, wieder »Werte« propagiert werden. Dabei belässt man es aber meist beim Allgemeinen und sagt nicht, *welche* Werte wir denn überhaupt pflegen sollen. Von der Europäischen Union wird oft gesagt, dass sie eine *Wertegemeinschaft* sei. Noch aber konnte uns niemand schlüssig darlegen, welche Werte denn die 500 Millionen Menschen, die im politisch und wirtschaftlich konstruierten Raum der Europäischen Union leben, miteinander verbinden (oder verbinden sollen). Ein häufiger und inflationärer Gebrauch des Wertebegriffs lässt diesen zu einer bloßen Worthülse verkommen, in die alles Mögliche hineingestopft werden könnte.

Nicht zu leugnen jedoch ist, dass die Menschen im Allgemeinen ein gutes Leben anstreben; genug zu essen und zu trinken, ein stabiles Dach über dem Kopf, eine angenehme Arbeit, etwas Freizeit und ein paar Freunde haben und ansonsten in Ruhe gelassen werden wollen. Freilich, mancher kann nicht genug kriegen und ist mit dem jeweils Erreichten nie zufrieden – aber das ist schon ein anderes Thema (worauf allerdings noch zurückzukommen sein wird). Es wäre wohl zumindest für diejenigen von uns, die das Glück haben, hier im Herzen Europas (und nicht etwa im Sudan oder in Afghanistan) zu leben, vieles in Ordnung, gäbe es da nicht immer wieder Leute, die uns vorschreiben wollen, wie wir zu leben haben, und ihre Vorstellungen vom »richtigen« Leben mit Werten verbrämen, die vermeintlich höheren Ursprungs sind. Glaubt man jedoch, wie es der Philosoph Wilhelm Windelband (1848-1915) in seinen *Aufsätzen und Reden* tat, »das Ewige« käme »in der Gestalt des Wertbewußtseins zum Durchbruch« (1907, S. 462), dann leistet man auch schon, wenngleich ungewollt, einer »Entwertung der Werte« Vorschub. Was ist denn »das Ewige«? Welcher Werte soll man sich denn bewusst werden? So entwerten sich, wie Nietzsche meinte, gerade die obersten Werte gleichsam von selbst, gerade weil sie nur noch Werte sind. Und etwa dem Ausspruch

»Ohne Werte sind wir wertlos« aus dem Munde eines österreichischen Politikers kann man den Charakter eines netten Wortspiels zubilligen, einen Inhalt vermittelt er allerdings nicht. Außerdem: Ein Mensch kann sich doch auch dann als wertvoll empfinden, wenn er sich keine Werte von Politikern einimpfen lässt. Es steht zu vermuten, dass so gut wie jedem Menschen irgendetwas wertvoll ist – sein eigenes Leben, seine Familie, sein Hund, seine Briefmarkensammlung, sein Garten oder was auch immer. Wozu soll er einer von oben diktierten Moral bedürfen?!

Moral ist ein strapazierter, ja eigentlich längst überstrapazierter Begriff. Meine Definition von Moral sollte diejenigen auf den Boden der Tatsachen zurückholen, die meinen, die eine und einzig richtige Moralvorstellung zu haben, die sich jedoch vielfach als *Doppelmoral* entpuppt, eine gefährliche noch dazu. Das ist ja gerade das Dilemma: Die Verteidiger bestimmter Werte treten »fremde« Werte oft mit Füßen; indem sie ihre eigenen Werte durchsetzen wollen, verletzen sie die Werte anderer. Daher wäre es ihnen natürlich sehr recht, wenn *ihre* Werte von einer höheren Instanz begründet wären oder sich auf eine oberste Autorität stützen könnten. Aber Werte kommen nicht von oben – sie kommen von unten. Wie das gemeint ist, möchte ich in der Folge zeigen.

1. MORAL: **WOHER?**

Gern dien' ich den Freunden,
doch tu' ich es leider aus
Neigung. Und so wurmt es mir oft,
daß ich nicht tugendhaft bin.
FRIEDRICH SCHILLER

Moral fiel nicht vom Himmel. Alle Moralsysteme aus Vergangenheit und Gegenwart haben sich allmählich entwickelt, und zwar entsprechend den Vorstellungen und Bedürfnissen von Menschen unter jeweils spezifischen Lebensbedingungen. Die *Moralität*, also die Moralfähigkeit als solche, hat noch tiefere Wurzeln und reicht weit in die Evolution unserer Gattung zurück. Nur wer diese Fähigkeit als dem Menschen von Gott eingepflanzt deutet, kann sich ihrer naturhistorischen Rekonstruktion und Erklärung entziehen – um dann einem gefährlichen moralischen Absolutismus zu verfallen, der später in diesem Buch noch ausdrücklich zurückzuweisen sein wird. Was wir heute als »Moral« bezeichnen und mit unterschiedlichen Inhalten (bestimmten Werten und Normen) füllen, ist nichts weiter als die Verlängerung und Verfeinerung von Verhaltensmechanismen, die schon in grauer Vorzeit, als noch niemand über »Gut« und »Böse« nachdachte, wirksam waren. Ja, manche Beobachtungen an Schimpansen, unseren nächsten Verwandten im Tierreich, legen nahe, dass Moralität keine menschliche Eigenart sei, sondern zumindest in bestimmten ursprünglichen Ausprägungen auch jenen

Kreaturen zugestanden werden muss. Ich verweise auf das Buch *Der gute Affe* des holländischen, in den USA wirkenden Primatenforschers Frans de Waal.

Woher also kommt die menschliche Moral in ihren vielen Facetten und mit allen ihren Widersprüchlichkeiten? Wie ist es zu verstehen, dass sich in der Evolution, in der – worauf bereits im Vorwort hingewiesen wurde – nur das genetische Überleben, also die erfolgreiche Fortpflanzung und als Voraussetzung dafür die Sicherung von Ressourcen zählt, Verhaltens*normen* entwickelt haben, über die sogar noch kritisch reflektiert wird? Eine Antwort darauf soll dieses Kapitel liefern. Ich werde dabei, im Dienste der guten Lesbarkeit und der Kürze der Darstellung, um einige Vereinfachungen zwar nicht herumkommen, werde aber zugleich bemüht bleiben, die relevanten wissenschaftlichen Ergebnisse und Theorien nicht zu entstellen.

MORAL AUS DEM »KAMPF DER NATUR«?

Im Schlusskapitel seines 1859 erschienenen, wegweisenden Werkes *Die Entstehung der Arten* schrieb Charles Darwin (1809-1882) Folgendes: »So geht aus dem Kampf der Natur, aus Hunger und Tod also unmittelbar das Höchste hervor, das wir uns vorstellen können: die Erzeugung immer höherer und vollkommener Wesen« (1967, S. 678). Die Vorstellung, dass in der Evolution fortgesetzt »höhere« und »vollkommenere« Arten hervorgebracht werden, beruht auf der im 19. Jahrhundert beliebten *Fortschrittsidee*, die in der heutigen Evolutionsbiologie obsolet geworden ist. Aber das ist an dieser Stelle gar nicht das Entscheidende. (Später, in Kapitel 3, werden wir noch kurz darauf zurückkommen.) Bemerkenswert ist, dass Darwin den »Kampf der Natur« als maßgebliche Triebkraft der Evolution gesehen und auch für das Auftreten des Menschen verantwortlich gemacht hat. Und in seinem zwölf Jahre nach dem »Artenbuch« veröffentlichten Werk *Die Abstammung des Menschen* führte er schließlich – mit der ihm eigenen Konsequenz – selbst die den Menschen auszeichnenden seelischen, geistigen, sozialen und moralischen (!) Fähigkeiten auf die Evolution durch natürliche Auslese oder Selektion zurück.

Die Metapher »Kampf ums Dasein« wurde oft und gründlich missverstanden. Man hätte den englischen Ausdruck *struggle* erst gar nicht mit »Kampf« übersetzen dürfen. Richtiger ist vielmehr »Wettbewerb«. Darwin verwies ausdrücklich auf Pflanzen, die ja – in Ermangelung von Zähnen, Hörnern und Klauen und aufgrund ihrer festsitzenden Lebensweise – nicht miteinander kämpfen können, trotzdem aber im Wettbewerb miteinander stehen. Wenn von zwei Nussbäumen einer längere Wurzeln und ein stärker entfaltetes Laubwerk besitzt, dann wird er dem anderen Feuchtigkeit und Licht wegnehmen. Das ist einsichtig. Zwar kommen wirkliche Kämpfe (zum Beispiel um Reviere) in der Natur durchaus vor, aber sie sind nicht das, was Darwin gemeint hat. Er meinte mit dem Wettbewerb einen gleichsam zwingend wirkenden Automatismus, der aus der Tatsache folgt, dass zwar alle überleben wollen, die Ressourcen aber knapp bemessen sind. Im Übrigen bezieht sich der Wettbewerb ums Dasein immer auf die Individuen derselben Art. So ist der Konkurrent eines Zebras nicht ein Löwe, der gelegentlich ein Exemplar dieser Spezies tötet und frisst – sondern ein anderes Zebra. Auch das ist einsichtig, denn es sind stets Artgenossen, die dieselben Lebensansprüche anmelden und sich daher im Wettbewerb um Raum, Nahrung und Geschlechtspartner fortgesetzt in die Quere kommen. Nicht einsehen wird man aber, dass all das etwas mit Moral zu tun haben könnte. Und ich beeile mich auch zu betonen, dass die Natur in der Tat moralisch völlig neutral ist, dass »Gut« und »Böse« in ihr nicht vorkommen. Allenfalls erscheint *uns*, die wir *wertende Lebewesen* sind, manches am Verhalten von Tieren als gut oder böse. Aber das sind Projektionen, die zwar Einiges über uns, aber nichts über die uns umgebende Natur aussagen. Wenn man allerdings zur Kenntnis nimmt, dass auch der Mensch, wie alle anderen Arten, mit seinesgleichen im Wettbewerb steht, dann ist die Frage berechtigt, ob nicht gerade dieser Wettbewerb an der Ausbildung seiner *Moralfähigkeit* beteiligt war. Denn anders als Löwen oder Zebras stellen wir Menschen uns zumindest gelegentlich die Frage, ob wir denn alles tun dürfen, was wir tun können. In der Natur erlaubt der Wettbewerb ums Dasein alle Tricks, auch die tödliche Beschädigung von Artgenossen. Waren die Vertreter der klassischen Verhaltensforschung – allen voran Konrad Lorenz (1903-1989) – noch davon überzeugt, dass das Verhalten von Individuen dem Wohl ihrer Art dient, wissen wir es inzwischen besser. Aus der Sicht der modernen *Soziobiologie* steht in der Evolution nicht die Arterhaltung im Vordergrund, sondern das genetische Überleben des Individuums. Das heißt, es geht um die erfolgreiche Weitergabe der eigenen Gene an die nächste Generation. Wenn mithin gelegentlich zum Beispiel beobachtet werden kann, dass ein Löwe Löwenbabys tötet, die nicht sein eigener Nachwuchs sind, um deren Mutter für sich als Fortpflanzungsgehilfin zu gewinnen, dann handelt es sich dabei keineswegs um eine Anomalie. Es ist vielmehr für den Löwen eine wirkungsvolle Strategie, möglichst ohne Umschweife eigene Nachkommen zu erzeugen.

In Anbetracht der Tatsache, dass in der Natur nur das eigene Überleben zählt, mag es als Unding erscheinen, die Wurzeln der Moral in der Natur aufspüren zu wollen, zumal die Natur, wie gesagt, keine Moral kennt. Denjenigen, die Moral mit Evolution und Selektion auch nur lose in Verbindung gebracht haben, wurde ein kruder *Biologismus* vorgeworfen, eine Reduktion der Moral auf Naturprinzipien, die letztlich nur Unmoral fördern könnten. Und wo Moral direkt aus der Natur abgeleitet wurde, wurde sie zu einem »Recht des Stärkeren« pervertiert, zu einer Ideologie mit verheerenden Konsequenzen (Stichwort: *Sozialdarwinismus*). Und dennoch: Moral kann nicht aus dem Nichts gekommen sein, sie muss sich, analog zu anderen menschlichen Verhaltenseigenschaften, schrittweise entwickelt haben. Die menschliche Moralfähigkeit beruht auf Verhaltensweisen, die mit (bewusster) Moral gewiss nichts zu tun haben, in ihrer Fortentwicklung über lange Zeiträume aber schließlich zum Fundament der Moral zusammengewachsen sind. Ich habe bereits in meinem Buch *Warum uns das Böse fasziniert* (und auch noch in anderen Veröffentlichungen zum Thema) hervorgehoben, dass

→ sich das soziale Verhalten des Menschen (einschließlich dessen, was wir jeweils als moralisches oder unmoralisches Verhalten bezeichnen) in der Evolution seiner Gattung entwickelt hat, in seiner Natur verwurzelt ist und daher

→ Moralsysteme, auch wenn sie später eine Eigendynamik entwickelt haben und sogar gegen die menschliche Natur gerichtet sein können, »natürlich gewachsen« sind.

Die folgenden Ausführungen mögen diese Aussagen näher erläutern und begründen, wobei es lohnend erscheint, mit einem kleinen Ausflug ins Tierreich zu beginnen.

GESELLIGKEIT ALS TRIEBKRAFT DER MORAL

Viele Tierarten leben gesellig. Ihre Individuen schließen sich zu kleineren oder auch größeren Gruppen zusammen, sei es vorübergehend oder dauerhaft. Da gibt es Affenhorden, Wolfsrudel, Herden von Huftieren, Vogelschwärme, Bienenstöcke und vieles mehr. Oft beobachtet man sogar Tieransammlungen, die aus Individuen verschiedener Arten bestehen, zum Beispiel Antilopen und Zebras in einer Herde oder Hyänen und Geier an derselben Futterquelle. Dabei handelt es sich allerdings nicht um *Gruppen* im engeren Sinn. Ein äußerer Faktor, zum Beispiel die plötzliche Verfügbarkeit von Nahrung, bringt verschiedene Tiere vorübergehend zusammen, ohne dass sie wirklich etwas miteinander zu tun haben wollen. (Geier und Hyänen wetteifern um dieselben Brocken Nahrung und versuchen sich gegenseitig zu vertreiben.) Viel interessanter – und für unser Thema bedeutsam – sind die im eigentlichen Sinn *gesellig* lebenden Tiere, beispielsweise Wölfe.

Ein typisches Wolfsrudel besteht aus zehn bis dreizehn

Individuen und hat ein eigenes Jagdrevier von hundert bis tausend Quadratkilometern Fläche. Sowohl unter den männlichen als auch unter den weiblichen Individuen herrscht eine Rangordnung, nur das jeweils ranghöchste Männchen und das jeweils ranghöchste Weibchen paaren sich und zeugen Nachkommen. Wölfe jagen im Kollektiv und erbeuten Großtiere. Bei kleinerer Beute oder in Krisenzeiten haben ranghohe Erwachsene und Welpen primären Anspruch auf Futter. Offensichtlich bringt den Wölfen das Leben in einer Gruppe bestimmte Vorteile. Insbesondere verhilft ihnen das gemeinschaftliche Jagen im Allgemeinen zu relativ großer Beute. Ein einzelner Wolf könnte etwa einen Elch kaum erlegen, in der Gruppe aber gelingt das. Der »einsame Wolf« ist daher auch in unserer Redensart eine eher bedauernswerte Erscheinung.

Gruppen von Pavianen sind größer; sie bestehen aus sechzig bis neunzig Individuen (davon in der Regel über die Hälfte Jungtiere), lassen aber genauso deutliche Sozialstrukturen erkennen. Das stärkste Männchen ist dominant, unter den anderen Männchen herrscht eine abgestufte Rangordnung. Bei den Wanderungen einer Pavian-Gruppe bilden die ranghohen Männchen die Spitze und die Nachhut, während je ein Männchen die Weibchen mit den jüngsten Nachkommen begleitet und je eines einem brünstigen Weibchen folgt. Wird die Gruppe von einem Feind, wofür vor allem ein Leopard in Frage kommt, angegriffen, dann gruppieren sich die Weibchen mit ihrem Nachwuchs in der Mitte und werden von den Männchen umringt, von denen wiederum die ranghöchsten dem Feind entgegentreten. Ab und an gelingt es einem Leoparden durchaus, sich einen Pavian zu schnappen, aber da die ranghöchsten Männchen gewöhnlich auch die kräftigsten sind, ist es in der Regel wahrscheinlich, dass sie den Angreifer vertreiben und alle in ihrer Gruppe unversehrt bleiben werden. Es ist also klar, dass das Leben in der Gruppe den Pavianen große Vorteile bietet. Kein einzelner von ihnen könnte gegen einen Leoparden etwas ausrichten, gemeinsam aber sind sie stark (auch dieses Phänomen ist längst in unsere Redensart eingegangen). Man kann mithin sehr leicht nachvollziehen, was Paviane zusammenhält: Jeder einzelne von ihnen ist in seiner Gruppe relativ sicher, während er für sich allein dem »Feinddruck« kaum standhalten könnte.

Diese beiden Beispiele – und unzählige andere ließen sich anführen – zeigen, dass sich Geselligkeit auszahlt. Wir wollen hier nicht von den Nachteilen reden, die das Gruppenleben mit sich bringt (schließlich hat auch in der Natur alles seinen Preis); ebenso unberücksichtigt darf die Tatsache bleiben, dass die Individuen zahlreicher Arten (beispielsweise Tiger, Braunbär, Elch und viele andere) solitär, also allein leben und sich allenfalls zum Zwecke der Paarung kurzfristig zusammentun oder nur kleine Mutter-Kinder-Gruppen bilden. Warum sich bei manchen Arten die Individuen zu Gruppen zusammenschließen, bei anderen nicht, hängt von komplexen (nicht zuletzt ökologischen) Faktoren ab. Jedenfalls wurde die Gruppenbildung bei vielen Arten von der natürlichen Auslese gefördert und erweist sich als eine stabile Evolutionsstrategie. Interessant für uns ist hierbei die Tatsache, dass bei den in Gruppen lebenden Tieren oft sehr klare »Prinzipien« vorherrschen, die sich in Rangordnungen, Arbeits- und Nahrungsteilung, gemeinsamer Jagd, Demutsgesten und so weiter manifestieren. Kurz gesagt, es gibt *Gruppennormen.*

Selbstverständlich haben die mit Moral nichts zu tun. Weder ein Pavian, noch ein Wolf oder irgendein anderes Tier, das in Gruppen lebt (man denke dabei etwa auch an die rigorose Ordnung bei staatenbildenden Insekten wie Ameisen und Bienen), stellt sich bewusst die Frage, was es tun *soll.* Aber auch der Mensch stand keineswegs von Anfang an vor dieser Frage, und Ethik ist eine sehr späte Erfindung seiner Evolutionsgeschichte. Es geht allein darum, dass das Leben in Gemeinschaft dem Individuum etwas abverlangt; vor allem – und wir kommen gleich noch darauf zurück – Kooperation mit den anderen Individuen. Aber dafür genießt das Individuum in der Gruppe die Vorteile, die es als Einzelgänger nicht genießen würde. Wie schon betont wurde, kennt die Natur keine Moral, und es wäre absurd zu sagen, dass zum Beispiel Wölfe bei der Nahrungsteilung moralischen Prinzipien folgen. Wenn bei geringfügiger Beute in erster Linie der Leitwolf und die Welpen der Gruppe »berücksichtigt« werden, dann wirken dabei bloß biologische Imperative: Verhungern der Leitwolf und andere ranghohe Gruppenmitglieder (seine potentiellen »Stellvertreter«), dann wird die Gruppe als Ganzes zusammenbrechen (besser gesagt auseinanderbrechen) – und der eine oder andere (buchstäblich) einsame Wolf wird ein ziemlich karges Dasein fristen müssen. Fallen die Welpen dem Hunger zum Opfer, dann ist der Fortbestand der Gruppe abermals nicht mehr gewährleistet.

In der Natur, in der Evolution setzt sich durch, was sich bewährt – dabei bedarf es keines Nachdenkens, keiner Absicht, keines Plans und schon gar keiner Moral.

Dennoch dürfen wir Geselligkeit im Allgemeinen und insbesondere diejenigen spezifischen Verhaltensweisen, die sich bei in Gruppen lebenden Tieren finden (also nochmals Nahrungsteilung und so weiter), als die unabdingbaren Voraussetzungen aller Handlungen betrachten, welche wir schließlich bei uns als *moralisch* bezeichnen. Moralische Normen hätten sich nicht entwickelt, wenn der Mensch nicht selbst ein soziales Lebewesen wäre. Schließlich ergeben Normen, welcher Art auch immer, nur in Gruppen oder Sozietäten ihren Sinn. Bei einem einsamen Robinson Crusoe auf einer ebenso einsamen Insel ginge die Befolgung irgendwelcher Normen vollkommen ins Leere. Normen hätten sich aber auch kaum entwickelt, wenn nicht jedwede Form des Zusammenlebens ein bestimmtes Konfliktpotential enthielte. Ob zwei oder mehrere Individuen dasselbe wollen oder jedes etwas anderes will – beides kann zu Konflikten führen. Im optimalen Fall sind Normen dazu da, um Konflikte zu vermeiden oder aus der Welt zu schaffen. (Was sie in weniger optimalen Fällen bedeuten, werden wir noch sehen.)

KOOPERATION UND GEGENSEITIGE HILFE

Zusammenarbeit lohnt sich – ob bei Pavianen, bei Wölfen oder anderen geselligen Tieren. Besser sollte man vielleicht sagen: Sie lohnt sich in der Gesamtbilanz. Denn es ist natürlich nie ausgeschlossen, dass ein Einzeltier versucht, sich auf Kosten anderer Vorteile zu verschaffen. Lug und Trug sind in der Natur alltägliche Erscheinungen. Es scheint keine tierische Sozietät zu geben, in der sich nicht zumindest ab und an ein Individuum Vorteile auf Kosten seiner Gruppengenossen verschafft oder zumindest versucht, andere zu hintergehen. Aber das hält sich üblicherweise in Grenzen, zumal ja kein Gruppenmitglied betrogen werden will und sich vor Schwindlern zu schützen sucht. Anders wäre eine mittel- bis langfristige Bildung von Sozietäten nicht möglich. Würde etwa in einer Gruppe von Pavianen jeder jeden betrügen und übervorteilen und bei Gefahr jeder nur seine eigene Haut retten wollen, dann würde – was ja keiner tiefschürfenden Reflexionen bedarf – die Gruppe als solche bald auseinanderfallen; und der Schutz, den die Gruppe dem Einzelnen bietet, wäre nicht mehr gewährleistet.

Der englische Philosoph Thomas Hobbes (1588-1679) meinte, der Mensch sei ursprünglich nur von seiner Selbstsucht getrieben gewesen, sodass sich im Naturzustand jeder gegen jeden anderen im Krieg befunden habe (*bellum omnium contra omnes*). Mit der Selbstsucht hatte er ja nicht unrecht, aber die ist den Menschen bis heute geblieben (mag sie auch nicht bei allen gleich stark ausgeprägt sein). Nur wie realistisch ist die Annahme, dass unsere Vorfahren nichts anderes im Sinn gehabt haben, als sich gegenseitig die Köpfe einzuschlagen? Eine einfache Überlegung zeigt: Nicht sehr realistisch. Ohne das Leben unserer stammesgeschichtlichen Ahnen romantisch zu verklären (das wäre gewiss nicht angebracht!), müssen wir annehmen, dass sie ein Mindestmaß an kooperativem Verhalten kannten – sonst wären sie erst gar nicht unsere Ahnen geworden beziehungsweise wären wir heute nicht da. Der Mensch ist von Natur aus ein soziales, geselliges Lebewesen, und das Leben in Gruppen ist, wie gesagt, im Allgemeinen an bestimmte Normen gebunden. Doch können wir zumindest bei bestimmten Tieren auch so etwas wie gegenseitige *Sympathie* annehmen, welche die Individuen einer Gruppe aneinander bindet und über die bloße Notwendigkeit der Kooperation hinausgeht. In seinem Buch *Die Abstammung des Menschen* schrieb Darwin Folgendes:

> Jedermann muß beobachtet haben, wie unglücklich Pferde, Hunde, Schafe usw. sind, wenn sie von ihren Genossen getrennt sind, und welche Freude wenigstens die beiden ersten bei ihrer Wiedervereinigung zeigen. Es ist interessant, über die Gefühle eines Hundes nachzudenken, welcher stundenlang in einem Zimmer bei seinem Herrn oder einem Mitglied seiner Familie ruhig daliegt, ohne daß die geringste Notiz von ihm genommen wird, der aber bellt und heult, sobald er eine kurze Zeit allein gelassen wird (1966, S. 125).

Darwin wusste also sehr wohl um die Bedeutung des geselligen Lebens, und was den »Kampf ums Dasein« betrifft, meinte er, dass dieser – beim Menschen – allmählich an Stärke verlieren müsse. Inwieweit das zutrifft, bleibt zu überlegen.

Der russische Forschungsreisende, Schriftsteller und Anarchist Peter Kropotkin (1842-1921), ein Bewunderer Darwins, schrieb das bemerkenswerte Buch *Gegenseitige Hilfe in der Tier- und Menschenwelt*, das gewissermaßen die Anti-These zu Hobbes enthält. Er meinte, die gegenseitige Hilfe sei als »Naturgesetz und Entwicklungsfaktor« anzusehen. Wir müssen ihm beipflichten. Eine Gesellschaft kann sich nur dann mittel- bis langfristig halten, wenn ihre Mitglieder zumindest bis zu einem gewissen Grad miteinander kooperieren. Dabei steht das Prinzip der *gegenseitigen Hilfe* oder des *reziproken Altruismus* im Vordergrund. Wir kennen es in alltagssprachlichen Wendungen wie »Eine Hand wäscht die andere« oder

»Wie du mir, so ich dir«. Wohlgemerkt, es geht dabei nicht um Selbstlosigkeit. Vielmehr geht es darum, dem anderen in der Not beizustehen, weil man – wenn selbst in Not geraten – auch umgekehrt Beistand und Hilfe erwarten will. Reziprozität, Gegenseitigkeit, erfolgt natürlich nicht immer direkt und oft erst nach längerer Zeit; sie setzt ein gewisses Erinnerungsvermögen betreffend empfangene Leistungen voraus und ist daher beim Menschen am besten dokumentiert. Wie es der holländische Philosoph Chris Buskes in seinem Buch *Darwinisch denken* formuliert: »Wechselseitiger Altruismus bedeutet, dass jemand seine Energie und Aufmerksamkeit zeitweise einem anderen schenkt und dafür irgendwann eine ›Gegenleistung‹ erwartet« (2008, S. 235).

Wir kennen das. Ein alter Bekannter, mit dem wir aber seit einiger Zeit nur spärlichen Kontakt pflegen, meldet sich eines Tages plötzlich am Telefon mit einer Bitte. Die Verblüffung weicht bald der Erinnerung, dass derselbe vor einiger Zeit einmal sehr hilfsbereit war. Ihm jetzt die Hilfe zu verweigern, wäre schäbig (zumal er selbst sich ja auch erinnern wird). Freilich hängt nicht wenig davon ab, was er will. Nicht jede Bitte ist leicht zu erfüllen (manche gar nicht). Hat er seinerzeit unser Auto kostenlos repariert, dann wollen wir ihm jetzt gerne für ein paar Stunden bei seiner Übersiedlung helfen. Klar, gegenseitige Hilfe muss sich irgendwie die Waage halten. Von jemandem, dem ich einmal für einen halben Tag mein Fahrrad geliehen habe, kann ich nicht erwarten, dass er mir später dafür einen Mercedes schenkt. Jedenfalls funktioniert der reziproke Altruismus – wie auch die Nahrungsteilung in der Tierwelt zeigt – am besten auf der Basis persönlicher Bekanntschaft. Wir geben gern – aber wir nehmen auch gern. Es geht nicht an, bestimmte Leute regelmäßig zum Essen einzuladen, ohne von ihnen dafür etwas zu bekommen; zumindest ein gutes Gespräch wollen wir schon erwarten, aber wenn sie jedes Mal zusätzlich noch eine Flasche Champagner mitbringen, dann wird das die Gäste auch nicht gerade abwerten. Die meisten von uns sind gerne dazu bereit, einem Bekannten einen kleinen Gefallen zu tun. Haben wir das aber mehrmals getan und hat er sich nie erkenntlich gezeigt, dann werden wir ihm irgendwann aus dem Weg gehen. Aber das sind vergleichsweise Kleinigkeiten. Keine Kleinigkeit ist es dagegen, wenn uns ein Freund aus dem Schlaf läutet und uns bittet, ihn zu verstecken, weil gegen ihn ein Haftbefehl wegen dringenden Mordverdachts erlassen worden sei, er aber seine Unschuld beteuert. Zugegeben, das passiert selten, den allermeisten von uns nie. Doch schon als bloßes Gedankenexperiment stellt eine solche Situation eine große Herausforderung dar. Wem sollen wir Glauben schenken, dem Freund oder der ihn verfolgenden Polizei? Und falls er, seiner Unschuldsbeteuerung zum Trotz, einen Mord begangen haben sollte – hat die Freundschaft Priorität? Inwieweit wollen wir selbst uns, im Dienste der Freundschaft, in Gefahr begeben und der Mittäterschaft oder zumindest Mitwisserschaft schuldig machen? Wann und wo hört Freundschaft auf?

Manche Menschen handeln anscheinend völlig selbstlos. Sie springen zum Beispiel bereitwillig ins Wasser, um ein Kind vor dem Ertrinken zu bewahren, dessen Eltern sie nicht kennen; und sich dabei auch nicht fragen (weil gar keine Zeit dazu verfügbar ist), welche Gegenleistung sie dafür erwarten dürfen. Die so Handelnden folgen wohl einem uralten »Instinkt«, der entwickelt wurde, als Kooperation und gegenseitige Hilfe eine Überlebensfrage *aller* waren und man erkannt hatte, dass das eigene Überleben nur mit Hilfe der anderen gewährleistet ist und die anderen ebenso auf die Hilfe derer zählten, denen sie bereits geholfen hatten. Für viele unserer Hilfeleistungen ist offenbar nicht die persönliche Bekanntschaft mit den Hilfeempfängern eine Voraussetzung. Oft genügt bloß das Wissen, dass sich jemand in einer kritischen Situation befindet, die wir selbst auch schon erfahren haben oder jederzeit erfahren könnten. Hierbei spielt die Fähigkeit zur *Empathie*, zum Mitgefühl, eine wichtige Rolle. Wir werden in Kapitel 3 noch darauf zu sprechen kommen.

Bei der bloßen Kooperation ist in vielen Fällen die persönliche Bekanntschaft ohnedies keine Voraussetzung. Es genügt, dass man sich plötzlich mit einem oder mehreren Menschen in einer schlimmen Lage befindet. Zum Beispiel in einem verunglückten Reisebus mitten in der Wüste. Da ist Kooperation angesagt, jeder ist auf jeden angewiesen. Es gibt harmlosere, weit weniger gefährliche Situationen, die ebenfalls gleichsam automatisch Kooperation bewirken. Jemand befindet sich in einer Behörde und weiß nicht so recht, wie er ein bestimmtes Formular ausfüllen soll; ein anderer weiß das auch nicht und wendet sich fragend an den ersten; schließlich gesellt sich ein Dritter dazu. Und schon entsteht für jeden das positive Gefühl, mit seinem Problem nicht allein zu sein. Die betroffenen Personen haben sonst nichts miteinander zu tun, aber das gemeinsame Problem führt sie zumindest für kurze Zeit zusammen; und gemeinsam können sie das Problem auch besser lösen.

Der reziproke Altruismus funktioniert im Allgemeinen allerdings am besten in kleinen, überschaubaren Gruppen, vor allem unter Familienmitgliedern, die auch biologisch, genetisch, aneinander gebunden sind. Der Soziobiologe Eckart Voland schreibt dazu in seinem Buch *Die Natur des Menschen* treffend Folgendes:

> Soziale Kohäsion kennt … einen evolutionär gewachsenen Kitt, und der heißt Nepotismus (Verwandtenbevorzugung). Aus seiner Evolutionsgeschichte erklärt sich, warum auch beim Menschen überall auf der Welt soziale Strukturen um Verwandtschaft herum entwickelt sind, und warum selbst in der Welt der Moderne mit ihren vorrangig nicht auf Verwandtschaft basierenden Sozialbeziehungen am Arbeitsplatz und in der Freizeit dennoch in persönlichen Krisensituationen auf Familiensolidarität ziemlicher Verlass ist (2007, S. 15 f.).

Daher weiß man auch bei Gerichten, dass Zeugenaussagen von engen Verwandten eines Beschuldigten meist nicht viel wert sind. Ihrem Sohn, der eines Verbrechens beschuldigt wird, wird eine Mutter mit gewisser Wahrscheinlichkeit notfalls ein (falsches) Alibi geben. Natürlich kann die Bevorzugung über die eigene Verwandtschaft hinausgehen und erstreckt sich in der Regel auf einen kleinen Freundeskreis. Aber da wie dort stößt sie auf Grenzen. Manche Eltern distanzieren sich von ihren Nachkommen, wenn die ihre Wertvorstellungen fortgesetzt mit Füßen treten; Freundschaften werden aufgekündigt, wenn das ständige Geben nie erwidert wird. Niemand ist in seiner Großzügigkeit beliebig belastbar. Aber das wäre, aus soziobiologischer und evolutionstheoretischer Sicht, auch nicht ernsthaft zu erwarten. Wir kommen im nächsten Kapitel noch darauf zu sprechen.

DIE HILFSBEREITSCHAFT DES EGOISTEN

Anderen zu helfen ist also eine für die Stabilität einer Gruppe unverzichtbare »Verhaltensneigung«. Hilfsbereitschaft wird daher auch als moralisch richtig eingestuft. Nachbarschaftshilfe, Hilfe bei Unfällen und so weiter sind kulturell verankert und spielen daher auch in unserem Rechtssystem ihre Rolle. Unterlassene Hilfeleistung ist bekanntlich ein strafbarer Tatbestand. Und wenn jemand die Notlage eines anderen Menschen sogar ausnutzt, empfinden das die meisten von uns als eine Schweinerei. Doch ist Hilfsbereitschaft auch bei Lebewesen verbreitet, die keine Moral kennen. In der Tierwelt steht das Helfen in unmittelbarem Zusammenhang mit dem Fortpflanzungserfolg. Wenn eine Bärin oder eine Wildsau ihre Jungen – im Extremfall bis zur Selbstaufopferung – gegen Angreifer verteidigt, dann ist das nicht etwa rührend; sie will bloß jenes Erfolgs nicht verlustig gehen. Bei den afrikanischen Wildhunden ziehen die erwachsenen Männchen einer Sippe gemeinsam auf Jagd, während die Weibchen mit den Jungen in ihren Verstecken bleiben. Die jagenden Männchen zerteilen oder verschlingen ihre Beute an Ort und Stelle. Wieder daheim, verteilen sie einzelne Fleischstücke unter den Weibchen und Jungen und erbrechen das bereits Gefressene. Auch hier geht es letztlich nur um die Sicherung des Reproduktionserfolgs. Viele weitere Beispiele ließen sich dazu noch anführen.

Bei uns Menschen sind die Dinge, zugegeben, etwas verwickelter, wenngleich auch viele unserer Verhaltensweisen – ohne dass wir es uns bewusst machen – in ziemlich direkter Weise mit Fortpflanzungsinteressen verbunden sind. Der

Umstand, dass wir uns entscheiden können, keine Kinder in die Welt zu setzen, ändert nichts daran. (Denn der Sexualtrieb bleibt uns – glücklicherweise – allemal erhalten.) Auf jeden Fall wollen wir in der Regel möglichst lang am Leben bleiben und uns das Leben auch so angenehm wie möglich machen. Aber dazu brauchen wir auch andere! Der »wahre Egoist« weiß das und handelt dementsprechend. Denn unter allen denkbaren Strategien der Bewältigung vieler Situationen und Konflikte ist die Kooperation die günstigste. Mit anderen Worten: Hilfsbereitschaft zahlt sich aus. Das klingt nicht gerade so, als ob wir von uns hehre Ideale erwarten dürften, Hilfe, letzten Endes Moral in allen ihren Aspekten, um ihrer selbst willen praktizieren könnten. Können wir auch nicht. Und Moral gibt es ja nicht an sich, sondern nur als Bestandteil unseres Lebens. Der schottische Philosoph David Hume (1711-1776) meinte, der Mensch habe neben den fünf Sinnen noch einen sechsten, nämlich den Sinn für Moral, sein Handeln entspreche Neigungen und Leidenschaften. Das war schon sehr weitsichtig. Allerdings steht dieser »Sinn für Moral« in enger Verbindung mit den anderen Sinnen und bleibt von allem, was wir um uns herum wahrnehmen, keineswegs unbeeinflusst.

Wir sind um so eher bereit, anderen zu helfen, je mehr wir umgekehrt Hilfe erwarten dürfen, je höher der Lohn für unsere Hilfe ist. Dieser Lohn muss uns nicht direkt und keineswegs in barer Münze ausbezahlt werden. Er besteht unter anderem darin, dass unsere Position in einem sozialen Gefüge, also unser gesellschaftliches Ansehen größer wird, wenn wir uns hilfsbereit zeigen. Und wenn wir anderen – obgleich das oft fürwahr nicht leicht ist – mit Freundlichkeit begegnen. Umgekehrt muss soziales Fehlverhalten keineswegs direkt geahndet werden. Wir grüßen zum Beispiel manche Leute einfach nicht mehr, weil sie uns ihre Hilfe nicht angedeihen ließen oder sich irgendeine Frechheit herausgenommen haben. Das kennt man auch von Schimpansen. Ein junger, zwei bis drei Jahre alter Schimpanse kann ein älteres Gruppenmitglied in die Flucht schlagen und sich dabei dominant fühlen. Dass ein solches Verhalten ihm aber nicht zusteht, lassen die anderen Älteren erkennen, indem sie ihm den Gruß verweigern.

Wir Menschen sind keine Engel. Dass jeder von uns in erster Linie das eigene Wohlergehen beziehungsweise das Wohlergehen seiner eigenen Familie, seiner engsten Verwandten und dann seiner guten Freunde im Sinn hat, kommt aus biologischen Gründen nicht überraschend. Aber das sollte uns auch nicht unangenehm sein. Der erhobene Zeigefinger des Moralisten wird an der menschlichen Selbstsucht nichts ändern. Da aber unser eigenes Wohlergehen nicht unwesentlich davon abhängt, wie wir uns anderen gegenüber verhalten, empfehlen sich Kooperation und die Berücksichtigung der Wünsche und Bedürfnisse anderer. Wenn wir sozial respektiert werden wollen und Hilfe von anderen erwarten, dann müssen wir freilich auch bereit sein, etwas dafür zu investieren. Aber jeder erfahrene »Sozialingenieur« weiß, dass ein paar freundliche Worte des Lobes, ein paar Komplimente, einige nette Gesten und so weiter letztlich ihm selbst von Nutzen sein können. *Nette Kerle kommen zuerst ans Ziel*, meint Richard Dawkins in seinem Buch *Das egoistische Gen*. So ist es. Freundlichkeit verbreitet bei allen Beteiligten ein gewisses Wohlbehagen, auch wenn sie manchmal nur gespielt ist. Wir alle kennen umgekehrt den einen oder anderen griesgrämigen Charakter, dem nie ein freundliches Wort über die Lippen kommt, der – für seine Maßstäbe (!) – vielleicht ein moralisch hochstehender Mensch ist, mit dem wir aber eigentlich nichts zu tun haben wollen (und der selbst sein eigenes Spiegelbild nicht aushalten kann). Es ist eine psychologische Trivialität, dass Menschen, die mit sich selbst zufrieden sind und gleichsam in sich selbst ruhen, anderen gegenüber freundlicher und hilfsbereiter auftreten als Menschen, die sich selbst hassen.

Nur wenn man sich über die menschliche Natur hinwegtäuscht und ihr die Möglichkeit andichtet, sich gleichsam engelhaft entfalten zu können, wird man übersehen, dass *reiner* Altruismus, also völlig selbstloses Handeln ohne die Erwartung irgendeiner Gegenleistung, eine Illusion ist (und bleiben muss). Sicher ist es kein Zufall, dass auch in den Religionen dem »guten Menschen« irgendeine schöne Aussicht winkt; nicht sehr bald vielleicht, aber spätestens im Jenseits. Ein Moralsystem also, das nur etwas einfordert und keinerlei Perspektive auf Belohnung enthält, ist glatt undenkbar oder hat seinerseits keine Aussicht auf Erfolg. Dabei dürfen die Vermittler dieser Perspektiven allerdings mit der Leichtgläubigkeit vieler Menschen rechnen und Lügengeschichten erzählen (vgl. Kapitel 3).

Mit Kapuzineraffen wurde folgendes Experiment durchgeführt. Man brachte den Tieren ein Tauschgeschäft bei, eine Scheibe Salatgurke gegen einen Kieselstein; womit sie im Allgemeinen zufrieden waren. Einigen Affen gab man dann aber für einen Kieselstein eine Weintraube, die ihnen natürlich besser schmeckte. Diejenigen, die weiterhin nur Gurken bekamen beziehungsweise diese (gegen einen Kieselstein) eintauschen konnten, wurden des Umstandes gewahr, dass sie ein schlechteres Geschäft machten, und verloren jede Lust am weiteren Handel; manche warfen die Gurken sogar demonstrativ weg. Ob man dabei bereits von einem Sinn für Gerechtigkeit reden kann, sei dahingestellt. An einem schlechten Geschäft jedoch sind die Affen offensichtlich nicht interessiert. Aber soll uns das verwundern? Warum sollten sie Nachteile in Kauf nehmen, zumal, wenn ihnen bessere Alternativen zur Verfügung stehen?! Sicher ist der Sprung von Kapuzineraffen zum Menschen ein recht großer, aber irgendwann in der Evolution müssen auch der menschliche Gerechtigkeitssinn und seine Vorstellungen von »Gut« und »Böse« ihre Ursprünge genommen haben. Und in all den Seitenlinien der zum Menschen führenden Stammeslinie haben sich wohl, da intelligente Tiere aus ihnen hervorgingen, Vorgänge abgespielt, die moralisches (oder unmoralisches) Verhalten zwar noch nicht bewirkten, mit ihm auch nicht identisch zu setzen sind, aber seine unabdingbaren Voraussetzungen darstellen.

Im Übrigen braucht es uns nicht peinlich zu sein, wenn altruistisches Handeln auf egoistischen Motiven beruht. Was sollte denn auch jemand, dem Hilfe gewährt wird, dagegen haben, wenn sein Helfer aus (unbewusst oder bewusst) eigennützigen Motiven heraus agiert? Hauptsache ist doch, dass er die Hilfe empfängt. Die Einsicht, dass egoistische und altruistische Gefühle recht nahe beisammen sind, ist übrigens nicht neu. Sie findet sich unter anderem schon bei dem englischen Philosophen Herbert Spencer (1820-1903), von dem, nebenbei gesagt, Darwin die Formel *survival of the fittest* (»Überleben der Tauglichsten«) übernahm.

Will man sich um jeden Preis ein Idealbild vom Menschen – will heißen: ein Bild von der Möglichkeit des *guten* Menschen – bewahren, dann wird man wahrscheinlich schnell Beispiele zur Hand haben; Beispiele für Menschen, die Gutes getan haben, dafür aber keine Belohnung einheimsten. Auf solche Menschen wird ja immer wieder hingewiesen. Doch wer sind die? Der Anthropologe und Primatenforscher Volker Sommer geht in seinem Buch *Von Menschen und anderen Tieren* die Sache sehr nüchtern an und gibt genau die passende Antwort:

Der heilige Martin reicht nicht hin – dem Bettler einen halben Mantel abzuschneiden, ist eher schäbig. Gandhi gilt gleichfalls nicht: Bevor der zum Asketen wurde, frönte er dem Artgeschäft auf Vorrat und zeugte mehrfach. Mutter Teresa wäre eine gediegene Anwärterin, wenn in Albanien verbliebene Blutsverwandte dank ihrer Popularität nicht irgendwelche Pfründe ergatterten ... Damit die im Neuen Testament dokumentierte Tat des barmherzigen Samariters als wahrer Altruismus durchgehen könnte, dürfte der Barmherzige nicht nur nicht mit seiner Heilstat geprahlt haben (was ihm eine Beförderung in der antiken Heilsarmee hätte eintragen können). Wir dürften zudem am besten gar nichts vom Samariter wissen – weil allein anonymes Wohltun jedwedem Egoismus die Hintertür vor der Nase zuschlägt (2000, S. 31 f.).

Die Moral von der Geschichte: Wenn es sie gibt, die wahrhaft selbstlosen Wohltäter, dann wissen wir nichts von ihnen; und alle, von denen wir etwas wissen, waren nicht wirklich selbstlos. Mutter Teresa war übrigens Trägerin des Friedensnobelpreises und vieler anderer internationaler Auszeichnungen, die sie alle selbstverständlich auch verdient hat – »Wohltun« in dem Ausmaß, wie es von ihr praktiziert wurde, konnte ja gar nicht unbemerkt bleiben. Aber warum sollte ein Wohltäter oder, in diesem Fall, eine Wohltäterin von der Hilfe, die sie anderen Menschen angedeihen ließ, nichts haben?! Nehmen wir es gelassen. All jene unserer Handlungsweisen, denen wir das Mäntelchen der Moral umhängen, sind in unserer »Wildheit« verwurzelt und im Dienste des Überlebens entstanden. Wir praktizieren sie heute zwar in verfeinerter Form, und schließlich hat es nicht an Versuchen gefehlt, sie auf einen gleichsam überweltlichen Ursprung zurückzuführen. Diese Versuche dürfen als gescheitert angesehen werden. Die Devise lautet »Suche nie nach höheren Motiven, wenn du auch niedere finden kannst«. Wer sich dazu durchringt, Moral als einen Aspekt unserer biosozialen Grundausstattung zu sehen, wird deren Lückenhaftigkeit und Unvollkommenheit erkennen, das Verhalten beziehungsweise Handeln seiner Mitmenschen nicht so sehr mit strengen Augen, sondern mehr mit einem Augenzwinkern betrachten und sich selbst auch nicht als Moralapostel aufspielen. Mit Wilhelm Busch (1832-1908) gesagt:

Ach, ich fühl' es! Keine Tugend
Ist so recht nach meinem Sinn;
Stets befind ich mich am wohlsten,
Wenn ich damit fertig bin.

Dahingegen so ein Laster,
Ja, das macht mir viel Pläsier;
Und ich hab' die hübschen Sachen
Lieber vor als hinter mir.

2. MORAL: **WOZU?**

Jede Freundschaft ist um ihrer selbst willen zu wählen.
Ihren Anfang jedoch nimmt sie beim Nutzen.

EPIKUR

Ja, wozu brauchen wir Moral? Wir haben im letzten Kapitel festgestellt, dass sich bestimmte im Allgemeinen als positiv bewertete Verhaltensweisen (Kooperation, gegenseitige Hilfe) in der Evolution unserer Gattung gleichsam automatisch entwickelt haben, weil sie dem Überleben in einem strikt biologischen Sinn dienen. Und wir haben festgehalten, dass dem Egoismus eine altruistische Kraft innewohnt. Was brauchen wir eigentlich noch?

Seit Jahrtausenden werden uns – unter Androhung von Strafen – alle möglichen Gebote und Verbote gepredigt, werden uns, bei gleichzeitiger Verdammnis von Lastern, Tugenden, aufgezwungen und Wege zum »richtigen« Leben gewiesen. Vorstellungen darüber, was moralisch richtig oder falsch ist, haben sich gewandelt und variieren von einer Gesellschaft zur anderen (siehe S. 15), aber das ändert grundsätzlich nichts daran, dass uns Moral – in welcher Form auch immer – aufgezwungen wird. Es ist daher erfrischend, wenn der Philosoph Michael Schmidt-Salomon in seinem Buch *Jenseits von Gut und Böse* die These zu begründen versucht, dass wir ohne Moral die besseren Menschen wären. Dabei ist Schmidt-Salomon selbst keineswegs ein Amoralist – ich kenne ihn persönlich als sehr moralischen, das heißt kooperativen und hilfsbereiten Menschen, der sich obendrein bemüht, etwas gegen die vielen Übel in unserer Welt zu tun. Ganz ohne Moral geht es wohl nicht, die Frage aber ist, ob wir uns mit dem (moralisch) Guten nicht zu viel aufgebürdet haben; und was denn jeweils wirklich (moralisch) gut ist.

Im vorliegenden Kapitel geht es um den Zweck moralischen Handelns. Das erste Kapitel hat Einiges dazu ja schon vorweggenommen. Aus evolutionstheoretischer Perspektive drängt sich neben der Frage »Woher?« immer auch die Frage »Wozu?« auf. Das bedeutet hier konkret: Wozu soll Moral gut sein? Der allgemeinen Zielsetzung dieses Buches entsprechend wird das vorliegende Kapitel aber auch schon die Schattenseiten der Moral ins Visier nehmen. Für den Evolutionstheoretiker ist es allerdings nichts Ungewöhnliches, wenn sich bestimmte anatomische, physiologische oder Merkmale des Verhaltens für ihre jeweiligen »Träger« schließlich zweckwidrig entwickeln. Die Moral ist anscheinend ein derartiges Merkmal.

WIE DU MIR, SO ICH DIR

Die im vorangegangenen Kapitel kurz beschriebenen Verhaltensweisen und ihre Motive lassen es erahnen: Wir Menschen sind die geborenen Nepotisten. Nepotismus ist uns geläufiger unter dem Ausdruck *Vetternwirtschaft* (oder »Freunderlwirtschaft«, wie man in Österreich sagt). Das Phänomen begegnet jedem von uns praktisch täglich; in der Familie, im Berufsleben, bei Freizeitaktivitäten und so weiter. Darwin bemerkte, eine junge und furchtsame Mutter würde sich »vom mütterlichen Instinkt getrieben, ihrem Kinde zuliebe ohne Zögern in die größte Gefahr begeben, nicht aber eines bloßen Mitgeschöpfs wegen« (1966, S. 138). Und der – leider früh verstorbene – Göttinger Anthropologe Christian Vogel (1933-1994) stellte in seinem Buch *Vom Töten zum Mord* Folgendes klar: »Die enge Bindung und Begünstigung naher Verwandter wird konterkariert und zugleich bestärkt durch ein Abgrenzen von Außenstehenden, denen gegenüber man sich oft moralisch weniger oder gar nicht verpflichtet fühlt« (1989, S. 52). Also: Solidarität nach innen, Misstrauen (wenn nicht gar Feindseligkeit) nach außen. Wir sehen hier bereits die Doppelbödigkeit der Moral.

Unter Anthropologen herrscht heute kein Zweifel daran, dass wir Menschen *Kleingruppenwesen* sind und in unserer Evolution – über Jahrmillionen – in überschaubaren Gruppen von vielleicht dreißig bis fünfzig Individuen gelebt haben; es mögen mitunter auch hundert Individuen gewesen sein, was aber nichts grundsätzlich ändert. Diese Sozietäten, auch als *Primär-* und *Sympathiegruppen* bezeichnet, waren charakterisiert durch eine persönliche Bekanntschaft ihrer Mitglieder (im Englischen face-to-face relation, also eine Vertrautheit von Angesicht zu Angesicht [nicht zu verwechseln mit heutigen Bekanntschaften im face book!]), und waren insgesamt erweiterte Verwandtschaftsgruppen. Es ist, nach dem bereits im letzten Kapitel Gesagten, anzunehmen, dass die Individuen einer solchen Gruppe miteinander kooperierten und gegenseitige Hilfe praktizierten. Weniger wahrscheinlich ist, dass sie anderen solcher Gruppen mit Freude und Sympathie begegneten. Was die Mitglieder der Gruppe aneinanderschweißte, war das schlichte (ungeschriebene) Gebot des Überlebens. Gemeinsame Nahrungssuche war ebenso angesagt wie kollektive Verteidigung vor Feinden. Man erinnert sich an Wolfsrudel und an Horden von Pavianen. In der Tat waren unsere stammesgeschichtlichen Vorfahren die längste Zeit in derselben Situation. Sie streiften als Jäger und Sammler umher, ihr Wohlergehen wurde maßgeblich von den jeweils verfügbaren Nahrungsressourcen bestimmt.

Aber auch später, als der Mensch – im Vorderen Orient vor etwa 15.000 Jahren (*neolithische Revolution*) – sesshaft wurde, Ackerbau und Viehzucht zu betreiben begann, waren seine Gesellschaften zunächst noch recht kleine. Wir kennen ihre Struktur bis in die jüngste Zeit in Dorfgemeinschaften, in denen praktisch auch jeder jeden kennt und wo gegenseitige Hilfe unverzichtbar ist. Wo ich geboren und aufgewachsen bin, in einer – damals – bäuerlich geprägten Gesellschaftsstruktur im österreichischen Burgenland, gab es mehrere Situationen, in denen jeder Bauer auf die Hilfe jedes anderen zählen durfte. Eine davon war die Niederkunft einer Kuh, die ein Einzelner nicht bewältigen konnte. War abzusehen, dass eine seiner Kühe kalben wird, holte ihr Besitzer zwei oder drei andere Bauern in seinen Stall, die ganz selbstverständlich kamen, mag sich das Ereignis auch zur Unzeit (mitten in der Nacht) angekündigt haben. Niemand hätte dabei Hilfe verweigert. Denn meist schon nur wenige Tage oder Wochen später befand er sich in derselben Situation. Das Prinzip »Wie du mir, so ich dir« funktionierte also geradezu perfekt. Keiner von den Bauern hat sich dabei in irgendwelche moralphilosophischen Überlegungen verstrickt. Sein Handeln wurde von seiner eigenen und der Einsicht in die Lebenssituation des anderen diktiert.

In jeder überschaubaren Sozietät fällt der, der sich *nicht* kooperativ benimmt, natürlich sofort auf und muss mit sozialer Ächtung rechnen. In der Kleingruppe funktioniert die *soziale Kontrolle.* Damit will ich nicht sagen, dass in solchen Gruppen immer alles bestens sei und dass nie jemand versucht, sich auf Kosten anderer zu bereichern. Den einen oder anderen Trittbrettfahrer (um nicht zu sagen: Schmarotzer) kann sich eine Sozietät leisten, muss aber gleichzeitig dafür sorgen, dass sich die Zahl solcher Individuen in Grenzen hält. Wenn aber ein kurzfristiger Gewinn langfristig soziale Nachteile mit sich bringt, dann hat man ja ohnehin nichts davon, wenn man sich auf Kosten anderer Vorteile verschafft. Der Trittbrettfahrer muss schon sehr klug vorgehen, um als solcher auch mitgenommen zu werden; er muss beispielsweise imstande sein, Mitleid zu erwecken. Da wir Menschen, als soziale Lebewesen, auch gerne »irgendwo dazugehören« – kaum einer von uns möchte das sprichwörtliche fünfte Rad am Wagen sein –, ist jeder von uns umso besser dran, desto mehr Respekt ihm die anderen seiner Gruppe entgegenbringen. Statt der eigenen Großmutter die Rente zu klauen, empfiehlt es sich, sie freundlich um Geld zu bitten und für den empfangenen Betrag im Gegenzug ihre Einkäufe zu besorgen.

Alle Grundformen unseres sozialen (einschließlich des moralischen) Verhaltens haben sich durch das Leben in kleinen Gruppen entwickelt und stabilisiert. Dieser Umstand hat schwerwiegende Konsequenzen. Wie wir im nächsten Kapitel sehen werden, schränkt er die Reichweite der Moral – oder dessen, was wir damit meinen – durchaus ein. Vorläufig aber wollen wir für ein paar Augenblicke dem *Wir-Gefühl* unsere Aufmerksamkeit schenken, das zu unseren in Kleingruppen erworbenen stammesgeschichtlichen Neigungen gehört. Es handelt sich dabei, mit anderen Worten, um das Gefühl der *Gruppenidentität*, das sowohl für das Individuum als auch für seine Gruppe von elementarer Bedeutung ist. Der Mensch will, wie gesagt, irgendwo dazugehören. Im Regelfall bietet ihm seine Familie die erste und langfristige Gelegenheit dazu, und später erweitert sich sein »sozialer Horizont«. Das Wir-Gefühl kann künstlich von der Kleingruppe auf Großgruppen erweitert werden, was bei internationalen Sportveranstaltungen deutlich sichtbar wird. Die Teilnehmer an Olympischen Spielen beispielsweise repräsentieren ihr jeweiliges Herkunftsland. Wenn sie einige Medaillen einheimsen können, dann freuen sich alle in diesem Land am Sport Begeisterten und rufen aus »*Wir* haben gewonnen« – wenngleich sie selbst am Wettbewerb natürlich gar nicht teilgenommen, sondern diesen nur im Fernsehen, vom Sofa des Wohnzimmers aus, mit verfolgt haben. Und bei der Ankündigung eines internationalen Fußballspiels heißt es einfach: »Deutschland gegen Argentinien« oder »Spanien gegen Griechenland«. Obwohl nur elf Personen auf jeder Seite wirklich um den Sieg kämpfen, sind Millionen anderer, physisch vollkommen unbeteiligter Personen »dabei«. Bei ihnen zählt das bloße *Miterleben*, und vollkommen irrationalen Mechanismen ist es zu verdanken, dass sie dann den Sieg oder die Niederlage als persönlich Betroffene erleben. Diese Mechanismen führen zur sozial beziehungsweise soziokulturell geförderten Bildung von *Pseudofamilien*. Welche katastrophalen Auswirkungen dieses erweiterte Wir-Gefühl unter gegebenen politischen Voraussetzungen nach sich ziehen kann, ist hinreichend bekannt.

Dabei ist nicht nur an das Dritte Reich zu denken. Ein Beispiel sind auch *Selbstmordattentäter*, die keine spezifische Erscheinung unserer Zeit sind, sondern auf eine lange, in der Antike wurzelnde Tradition zurückblicken können. Strikt (sozio-)biologisch gesehen erscheinen Selbstmordattentäter als Widerspruch in sich, als Fehlanpassungen. Sie reißen nicht nur andere Menschen in den Tod, sondern nehmen ihr eigenes Ableben ebenso in Kauf. Aber die enge Verstrickung soziokultureller Normen mit stammesgeschichtlich erworbenen Verhaltensdispositionen macht selbst ihr verbrecherisches – und in vielerlei Hinsicht pathologisches – Handeln möglich. Thomas Junker und Sabine Paul schreiben in ihrem Buch *Der Darwin-Code* Folgendes dazu:

Aus biologischer Sicht sind die meisten Formen von Selbstaufopferung ... Fehlanpassungen. Möglich werden sie durch die enorme Vergrößerung der sozialen Verbände, die Mängel im Verwandtenerkennungssystem verstärkt und manipulierbar macht. In ähnlicher Weise wird die durch die sexuelle Selektion entstandene Tendenz zu riskantem und mutigem Verhalten ausgenutzt, indem sich die Gegenleistungen auf unüberprüfbare Versprechungen beschränken und in eine Phantasiewelt verlagert werden. Durch diese doppelte Manipulation ist es möglich, Individuen zu einem Verhalten zu bewegen, die ihren Überlebens- und Fortpflanzungsinteressen objektiv schadet. Dies gilt aber nicht für die ausführenden Organisationen; für diese kann es sich um eine erfolgversprechende und rationale Kriegsstrategie handeln (2009, S. 102).

Man muss freilich in Betracht ziehen, dass Selbstmordattentäter – wenn auch jeder einzelne von ihnen genau einer zu viel ist – die absolute Ausnahme und nicht die Regel sind. Aber auch alle Diktatoren dieser Welt, gestern und heute, sind Ausnahmen. Sie durchbrechen allerdings das bei den meisten Menschen und in den meisten sozialen Verbänden recht gut funktionierende Prinzip »Wie du mir, so ich dir« und können dabei zumindest mittelfristig auf die tölpelhafte Ergebenheit ihrer Untertanen zählen, die einer Pseudofamilie angehören wollen.

Der einzige Ausweg aus dieser uns seit Jahrtausenden begleitenden Misere ist der moralische Individualismus, den ich in Kapitel 5 behandeln werde. Aber dazu ist in der Folge hier noch viel Vorarbeit zu leisten.

GEMEINWOHL AUS DEM EIGENNUTZ

Das Wohlergehen aller in einer Gruppe hängt davon ab, wie viel jedes einzelne ihrer Mitglieder in sie zu investieren bereit ist. Umgekehrt muss sich die Investition für den Einzelnen, jedenfalls in der Gesamtbilanz, auszahlen. Wenn das Wohlergehen wirklich aller Mitglieder einer Gruppe gewährleistet sein soll, dann muss sich auch deren Verhältnis zueinander im Gleichgewicht befinden. Es gilt die Devise »Einer für alle, alle für einen«. In der Praxis erweist sich das allerdings nicht immer als einfach.

Jemand kann beispielsweise einem Verein beitreten und Mitgliedsbeiträge zahlen. Handelt es sich dabei um einen exklusiven Verein, der ein hohes Ansehen genießt, ist die Mitgliedschaft selbst schon mit einem sozialen Plus verbunden. Andernfalls wird man für seine Investition schon mehr erwarten. Aber ob man einem Verein beitritt, kann man sich in der Regel aussuchen. Nicht so leicht aussuchen kann man sich die Staatsbürgerschaft. Man ist gemeinhin Bürger jenes Staates, in dem man das Licht der Welt erblickt. Später kann man auch zu einem anderen Staat wechseln, aber man kann bekanntlich nicht zwischen verschiedenen Staatsbürgerschaften nach Belieben herumpendeln. Doch jeder Staat hebt von seinen Bürgern Steuern ein, was in der Theorie und *de jure* dem Gemeinwohl dient. Und in der Praxis? Das ist so leicht nicht zu entscheiden. Aus einem Taubenzüchterverein kann jedes Mitglied jederzeit austreten, wenn es den Eindruck gewinnt, dass der Verein seine eigenen Anliegen nicht mehr hinreichend repräsentiert. Und damit hat der Verein auf seine künftigen Mitgliedsbeiträge zu verzichten. Bei der Zugehörigkeit zu einem Staat ist das bekanntlich nicht so einfach. Der Staat, besser gesagt seine Repräsentanten, nehmen sich das Recht heraus, Steuern festzulegen und einzuheben, ohne die Bürger zu fragen. Im Namen des Staates können Schergen losgeschickt werden, um Steuern einzutreiben; im Namen des Staates dürfen Bürger, die ihre »Mitgliedsbeiträge« an den Staat nicht bezahlt haben, aus ihren Häusern und Wohnungen verjagt und ihrer Existenz beraubt werden. Dabei wird das »Gemeinwohl« vorgeschoben. Inwieweit die »Allgemeinheit« tatsächlich von der Zerstörung einzelner Existenzen profitiert, ist aber mehr als fraglich. Wohl wird mancher sagen, es könne doch nicht mein Ernst sein, dass man die Bürger fragen sollte, ob beziehungsweise wie viel an Steuern zu zahlen sie bereit wären. Aber den Politikern eines Staates – als *Gemeinwesen*, wohl gemerkt – kann und darf es auch nicht gleichgültig sein, ob sich ihre Bürger gut oder schlecht fühlen. Auch der berühmte Ausspruch von John F. Kennedy (1917-1963) »Frage nicht, was dein Land für dich tun kann, sondern was du für dein Land tun kannst« ist unter diesen Voraussetzungen kritisch zu hinterfragen. Der Einzelne wird für sein Land in der Regel nur so viel zu tun bereit sein, wie er von seinem Land empfängt (siehe unten).

Ist »Gemeinwohl« ohnehin schon ein problematischer Begriff – ich verzichte hier darauf, lexikalische Definitionen vorzuführen –, so wird von denen, die angeblich das Gemeinwohl vertreten, also wiederum Repräsentanten des Staates, im Allgemeinen nicht eingesehen, dass nur das Wohlergehen jedes einzelnen Individuums ein Garant für das »Gemeinwohl« ist. Die Österreichische Wirtschaftskammer warb vor kurzem mit dem Slogan »Geht's der Wirtschaft gut, geht's uns allen gut«. Ein derartiger Schwachsinn kann nur in Köpfen gesponnen werden, die »oben« und »unten« miteinander verwechseln oder ganz einfach manipuliert wurden. Denn es ist vollkommen klar, dass »die Wirtschaft« nur florieren kann, wenn es einzelnen Menschen gut geht und jeder von ihnen ein paar Euro oder Dollar in der Tasche hat, um etwas zu kaufen. Wenn so offensichtlich der den Menschen, wie alle anderen Tiere, kennzeichnende Eigennutz ignoriert wird, dann kann es »der Wirtschaft« mittel- bis langfristig nur schlecht gehen.

Aber, so höre ich laute und kritische Stimmen, wirtschaftliche Krisen werden doch gerade von Einzelindividuen verursacht, die, ausschließlich ihrem Eigennutz verpflichtet, ganze

Staaten an den Rand des Kollaps bringen, mit unendlicher Gier sich selbst bereichern wollen und keine Rücksicht nehmen auf das Wohlergehen anderer, um nicht zu sagen das Gemeinwohl. Das ist schon richtig, doch muss man sich auch fragen, warum denn unzählige andere Menschen diesen gierigen Spekulanten zum Opfer fallen: nicht zuletzt deshalb, weil sie ihr eigenes Vermögen vermehren wollen, sich aber dazu allein nicht imstande sehen, sondern sich auf jene verlassen, die den vermeintlichen »Dreh« kennen. Der bekannte Zoologe und Tierfilmer Hans Hass hat sich auch mit Fragen der Wirtschaft und des Managements intensiv und erfolgreich beschäftigt, wobei er elementare Erkenntnisse über die Natur des Menschen anwenden konnte. In seinem Buch *Der Hai im Management* analysierte er unter anderem die Bedeutung des Geldes, das – in verhaltensbiologischen Begriffen – einem Schlüsselreiz gleichkommt:

Das Universaltauschmittel [wurde] zu einem Universal-Schlüsselreiz, wie es in der vorangegangenen Evolution noch nie etwas auch nur entfernt Vergleichbares gegeben hat. Aus dieser Sicht ist Geld ein Zauberstab, der nicht nur Nahrung herbeischafft – sondern auch fast sämtliche sonstigen Bedürfnisse und Wünsche erfüllen kann. Natürlich weiß jedermann, daß man für Geld so ziemlich alles erwerben, sich so ziemlich jede Art von Wünschen erfüllen kann – und deshalb der Erwerb von Geld höchst erstrebenswert ist. Dagegen ist durchaus nicht jedermann klar, daß dies – ... über Konditionierung – sämtliche angeborenen und erworbenen Triebkräfte dahingehend vereint, uns auf den Erwerb von Geld zu konzentrieren (1999, S. 122).

Das leuchtet ein. Aber Hass hat auch vor den Gefahren einer Überbewertung der Finanzwirtschaft auf Kosten der Realwirtschaft gewarnt. Die derzeitige Entwicklung gibt ihm recht. Der Zauberstab Geld ist zerbrechlich. Während sich die Realwirtschaft auf die Herstellung und Verbreitung von Produkten konzentriert, geht es in der Finanzwirtschaft nur um die Vermehrung von Geld – und das in zunehmendem Maß virtuell. So entsteht ein Kartenhaus, das jederzeit weggeblasen werden kann. Die »Finanzkrise«, von der seit über einem Jahr die Rede ist, ist daher eine *Systemkrise*.

Ich erwähne das, weil man das Gemeinwohl heute auch weitgehend über Geld definiert. »Gemeinwohl« ist, wie gesagt, ein problematischer Begriff. Aber ich will hier nicht über Begriffe streiten. Soll Gemeinwohl jedoch bedeuten, dass es allen Menschen in einer gegebenen Sozietät sozusagen auf Befehl gleich gut geht, dann handelt es sich dabei um ein Ding der Unmöglichkeit. Die kommunistischen beziehungsweise sozialistischen Staatssysteme in Osteuropa haben es uns vorgeführt. Aber schließlich sind auch in egalitären politischen Systemen manche stets »gleicher« als andere. Daher war diesen Systemen – jedenfalls in Europa – eine nur relativ kurze Zeit beschieden. Politiker, die nicht einsehen, dass das Gemeinwohl untrennbar mit dem Wohl des Einzelnen verbunden ist, haben zwei Möglichkeiten: Entweder sie unterdrücken das Individuum (was sie ja seit über zweitausend Jahren, mit wechselndem Erfolg, zu tun versuchen), oder sie sehen ein, dass ein florierendes Gemeinwesen nur möglich ist, wenn sich so gut wie alle Individuen relativ wohl fühlen. Ich sage »relativ«, weil man es bekanntlich nie *allen* recht machen kann und weil jeder sein eigenes Wohlbefinden etwas anders definiert. So zählen für verschiedene Menschen auch verschiedene Werte. Jemandem kann sein Auto alles bedeuten, ich zum Beispiel brauche kein Auto, aber viele Bücher; ein Buch ist für mich, allein als physisches Objekt, etwas Wertvolles. Zugleich kann aber ein und derselbe Mensch verschiedene Werte vertreten und pflegen. Wie es der streitbare österreichische Philosoph Paul Feyerabend (1924-1994) in seinem Buch *Erkenntnis für freie Menschen* formuliert hat:

> Jeder Doppelagent lebt ein Leben in ein anderes eingeschlossen, und es ist gut, daß man das lernt, denn eine Gesellschaft, auch die beste Gesellschaft, läßt niemals *alle* Wünsche, *alle* Taten, *alle* Ideen, *alle* Träume des Menschen zur Wirklichkeit kommen, und darum sind wir eigentlich alle immer Doppelagenten (1980, S. 300).

Was aber soll der Einzelne davon halten, wenn ihm »seine« Politiker wegen hoher Staatsverschuldung vorschreiben, »den Gürtel enger zu schnallen«? Warum soll der Einzelne sich in seinen Lebensmöglichkeiten einschränken, wenn seine Politiker eine schlechte Wirtschaft betreiben? Was geht ihn das Ganze eigentlich überhaupt an? Wir Menschen sind, um es nochmals zu betonen, Kleingruppenwesen. Wir sind im Allgemeinen durchaus hilfsbereit, wir kooperieren und erfreuen uns am sozialen Leben. Unsere Fähigkeit, Sympathie zumindest für manche und Mitleid oft selbst für uns jeweils fremde Artgenossen zu empfinden, sind uns dabei eine wichtige Stütze. Was uns aber Politik und Wirtschaft derzeit bieten (war es aber jemals wirklich grundlegend anders?!), sind nicht einmal faule Kompromisse. Es ist ja schön und gut, wenn sich die Finanzminister der Europäischen Union in einer Nacht-und-Nebel-Aktion darauf einigen, dass die Stabilität des Euro gewährleistet werden müsse, und dazu ein »Hilfspaket« von astronomischen Dimensionen schnüren. Noch schöner und besser wäre es allerdings, wenn sie – und nicht nur sie – sich darauf einigen könnten, dass man über die Köpfe von 500 Millionen Menschen hinweg keine Entscheidungen treffen sollte. Genau genommen geht es darum, dass sich einige wenige Personen nicht anmaßen dürften, das »Gemeinwohl« zu definieren, und nicht das Recht haben, vielen Millionen von Menschen vorzuschreiben, nach ihrer Pfeife zu tanzen. Abgesehen davon geht es aber auch darum, dass keiner von uns – und mithin auch kein Politiker – sich jene Dimensionen (außer als Zahlen mit vielen Nullen auf einem Blatt Papier) vorzustellen vermag. Wie auch? In den Jahrmillionen unserer Evolution als Jäger und Sammler spielten Milliarden (und auch Millionen) keine Rolle.

Politiker, die ihren Bürgern mangelnde »Steuermoral« und eine Schädigung des Gemeinwohls vorwerfen, sollten gelegentlich ihre eigene Moral hinterfragen. Noch besser wäre es, wenn sie einige Lektionen über die Natur des Menschen lernen würden. Dann müsste es ihnen einleuchten, dass man die Steuermoral am besten durch Steuersenkungen hebt. Und dass man die so oft beklagte »Schattenwirtschaft« am effektivsten bekämpft, wenn man den Leuten möglichst wenig Geld aus den Taschen zieht. Das Gemeinwohl kann nur über den Weg des Egoismus des Einzelnen gefördert werden. Im Übrigen entspricht es einem fatalen dualistischen Denken, den Einzelnen vom Gemeinwohl zu trennen (und umgekehrt). Real aber ist immer das Individuum, »der Staat«,

»das Gemeinwohl«, »die Wirtschaft« und so weiter sind Abstraktionen, die letztlich dazu dienen, dem Individuum ein Gefühl der Ohnmacht einzupflanzen – was ja meistens auch ganz gut gelingt. Die, die dem Einzelnen dieses Gefühl einpflanzen, sind selbstverständlich wiederum bloß Individuen (und was denn sonst!). Sie haben nur den Vorteil, dass sie »im Namen Gottes«, »im Namen des Volkes«, »im Namen des Gemeinwohls« und so weiter zu handeln vorgeben können. In demokratischen Gesellschaften haben sie es zwar nicht so einfach wie in Diktaturen, doch »ihre« Bürger versuchen sie dennoch »im Dienste der Moral« an der Leine zu halten. Aber, um nochmals Feyerabend zu zitieren: »Erhält der Bürger das Recht, seiner Tradition gemäß zu leben, dann hängt auch der Betrieb von Institutionen, zu denen er entweder als Steuerzahler oder als Privatmann einen Beitrag leistet, von seinem Urteil ab« (1980, S. 167). Nun kennt jeder von uns »Bürger«, auf deren Urteil er gern verzichten will; Analphabeten, Kümmerer und Leute mit politisch gefährlichen Überzeugungen, denen er ein allgemeines Urteil nicht ernsthaft zumutet. Andererseits: Es ist ein verbrieftes Recht in der Demokratie, dass *jeder* Einzelne sich zu Wort melden und *seine* Ansprüche artikulieren darf. Man hat von der Demokratie schon gesagt, dass sie eine Diktatur der Dummen sei – aber in Diktaturen (die sich bezeichnenderweise oft als »Demokratische [Volks-] Republiken« deklarieren) herrscht meist nur ein Dummer nicht nur über viele andere Dumme, sondern auch über viele Gescheite ... Zu Feyerabend bleibt noch zu erwähnen, dass er offensichtlich stets von mündigen Bürgern gesprochen hat, von Leuten, die ziemlich genau wissen, welche Traditionen sie bewahren wollen – und nicht von Schafen, die jedem beliebigen Leithammel bereitwillig nachlaufen. (Womit hier nicht gesagt werden soll, dass sich das soziale Leben der Schafe genauso abspielt.)

Hier bleibt aber noch auf einen scheinbar paradoxen Aspekt hinzuweisen: dass nämlich die Unmoral des Einzelnen die Existenz vieler, dem Gemeinwohl dienender Organisationen und Institutionen erst ermöglicht. Man stelle sich einmal vor, alle Menschen würden sich plötzlich ausnahmslos den jeweiligen Moralvorstellungen gemäß verhalten, niemals irgendeine Wertvorstellung oder Norm verletzen. Dann bräuchten wir beispielsweise keine Justiz. Alle Gerichte mit ihrer jeweiligen Infrastruktur könnten geschlossen werden. Von Höchstrichtern und Rechtspflegern über Staatsanwälte bis zu Gerichtsdienern und Betreibern von Gerichtskantinen wären alle über Nacht arbeitslos. Und natürlich bräuchten wir auch keine Polizei mehr. Es würde ja niemand mehr einen anderen bestehlen, vergewaltigen oder gar töten, und selbstverständlich würden sich alle Autofahrer diszipliniert verhalten, keine Geschwindigkeitsbegrenzung mehr missachten und so weiter und so fort.

Man müsste, um die zur Gewährleistung von Moral und Ordnung geschaffenen Institutionen weiterhin am Leben zu erhalten, fortgesetzt neue Verbrechen erfinden – was sich irgendwann selbst ad absurdum führen würde.

So gesehen lässt sich sagen, dass alle, die moralisches Verhalten fordern beziehungsweise darüber wachen, froh sein müssen, dass sich viele Menschen anders verhalten. Ein konkretes und nicht fiktives Beispiel sind die Wiener Verkehrslinien, die kürzlich verschärfte Kontrollen von Fahrausweisen angekündigt haben. Eigentlich war diese Ankündigung höchst unklug. Denn die Wiener Verkehrslinien benötigen offenbar dringend Geld, das sie allerdings nur durch eine signifikant hohe Zahl von »Schwarzfahrern« einbringen können, die am besten ungewarnt zu ertappen sind. Der brave Fahrgast mit seiner Wochen- oder Monatskarte bietet ihnen dagegen wenig.

Alle der Moral und Ordnung dienenden Institutionen beziehungsweise ihre Repräsentanten vertragen nur ein bestimmtes Ausmaß von Moral; wird dieses wesentlich unterschritten, bekommen sie Legitimationsprobleme. Aber vielleicht rechnen sie ohnedies damit, dass die menschliche Moralfähigkeit von vornherein begrenzt sei. Und um die Basis für ihre Legitimation zu erweitern, ziehen sie die »Moralschraube« gelegentlich fester an, sodass sie mit einer schnelleren Vermehrung von Übeltätern rechnen dürfen. Nehmen wir es gelassen – Unmoral hat ebenso ihren Zweck wie Moral, sie ist sogar erwünscht, weil viele von ihr leben. So dient der Eigennutz des Individuums auf eine sublime Weise dem Gemeinwohl ...

EIGENNUTZ AUS DEM GEMEINWOHL

Entscheidend für jeden Menschen ist sein Wohlbefinden. Wohlbefinden kann natürlich sehr Verschiedenes bedeuten und ist ein subjektiver Faktor. Aber wer in einem Land mit niedriger Kriminalitätsrate, vielen freundlichen und fröhlichen Menschen, interessanten Landschaften, sauberem Wasser, vielfältigen kulturellen Angeboten und guten medizinischen Einrichtungen lebt, wird sich – und das braucht nicht erst empirisch untersucht zu werden – wohler fühlen als Menschen in einem Land, in dem der Kampf ums tägliche Überleben alle ihre Kräfte aufzehrt. Es ist erstaunlich, unter welchen Bedingungen Menschen zu leben und zu überleben imstande sind, wie manche Menschen selbst in karger Umgebung, mit einem Minimum an Ressourcen, unter großen Mühen und Plagen, sich dennoch Freundlichkeit und Fröhlichkeit bewahren. Aber alles hat seine Grenzen. Wer von Kindheit an umgeben ist von Hass und Gewalt und nie genug zu essen hat, der wird – falls ihm nicht unsägliches Glück einen Ausweg aus der Misere beschert – nach allen Regeln der Wahrscheinlichkeit zu keinem freundlichen und fröhlichen Menschen heranwachsen und sich womöglich an terroristischen Aktivitäten beteiligen oder diese sogar initiieren. Es ist bemerkenswert, dass die so genannte westliche Welt sich einhellig auf die Notwendigkeit einer Bekämpfung gegen den Terrorismus geeinigt hat, ohne aber dessen Wurzeln wirklich aufzuspüren. Auch hierbei schlägt ein tief in unserer Natur sitzender Dualismus durch, der uns erlaubt, die »Bösen« von den »Guten« schnell zu scheiden. Die »Guten« sind dabei immer wir selbst, dass die »Bösen« sich aber ihrerseits als die »Guten« sehen, will nicht so recht einleuchten. So sind Konflikte zwischen Kulturen programmiert, und ich fürchte, dass wir schon in absehbarer Zeit mehr davon zu spüren bekommen werden, als ohnehin schon der Fall ist.

Die Zivilisation ist gegen das »Böse« angetreten, wobei es allerdings die längste Zeit offenbar kaum jemandem (am wenigsten den jeweiligen Hütern der Moral) aufgefallen ist, dass dem Kampf gegen das Böse – mit Folter, Todesstrafe, Heiligen Kriegen und so weiter – ja selbst »böse Kräfte« innewohnen. Gleiches mit Gleichem bekämpfen, Auge um Auge, Zahn um Zahn: Das ist bis heute selbst in unseren angeblich so fortschrittlichen Gesellschaften die Devise geblieben. (Eine Volksabstimmung über die Wiedereinführung der Todesstrafe in verschiedenen Ländern, in denen sie längst abgeschafft ist, würde vermutlich Schlimmes ans Tageslicht bringen – lassen wir es also darauf nicht ankommen.) Inwieweit Terroristen eventuell eine logische Folge des, freilich im Allgemeinen unblutig sich vollziehenden, internationalen Wirtschaftsterrors sind, wird selten bis gar nicht gefragt. Aber im Dienste ihrer Bekämpfung werden wir alle von den Hütern einer »höheren Moral« unserer persönlichen Freiheit eingeschränkt, müssen uns gefallen lassen, dass auf Flughäfen unsere Taschen durchwühlt werden und uns Sicherheitsbeamte barsch auffordern, die Schuhe auszuziehen (wenn nicht bald Schlimmeres kommt). Da Sicherheit, aus verständlichen Gründen, ein elementares Bedürfnis des Menschen ist, kann man damit auch gute Geschäfte machen. Man sehe sich heute einmal um, auf Bahnhöfen, in Einkaufszentren, auf offenen Plätzen – überall sind staatliche oder private Sicherheitsleute präsent. Vor allem lässt sich mit dem Bedürfnis nach Sicherheit eine Einschränkung der persönlichen Freiheit rechtfertigen. So gesehen kommen all jenen, die in ihrem Machtstreben Bürgerrechte ohnehin beschneiden wollten – ohne das aber offen zugeben zu dürfen –, Terroranschläge sogar gelegen. Denn in den Augen unserer Sicherheits- und Kontrollmenschen sind wir alle, zumindest theoretisch, Terroristen. Wir fühlen uns zwar nicht als solche und ärgern uns, wenn man uns an einem Flughafen die Zahnpasta wegnimmt, weil sie nicht in der hierfür vorgesehenen kleinen Plastiktüte akkurat verpackt war. (Wobei es in der Perspektive der Sicherheits- und Kontrollmenschen unerheblich zu sein scheint, dass eine Tube Zahnpasta außerhalb der vorgeschriebenen Plastiktüte nicht weniger harmlos oder gefährlich ist als außerhalb derselben.) Nun weiche ich scheinbar vom Thema ab. Ich wollte ja etwas über »Eigennutz aus dem Gemeinwohl« sagen. Aber die Dinge hängen zusammen.

Gegebene oder politisch und medial einfach nur vorgespielte Szenarien vorausgesetzt, lassen sich viele Individuen leicht verunsichern und aufgrund der Neigung zur Unterwürfigkeit (siehe S. 153) bereitwillig gängeln. Andere sind – glücklicherweise – skeptisch und hinterfragen die ihnen vorgespielten Horrorszenarien. Aber die Zahl der Skeptiker ist offenbar noch viel zu gering. So wie die so genannte Finanzkrise, wie ich bemerkt habe, eine Systemkrise ist, so ist auch das zunehmend gestörte Verhältnis vieler Menschen zu jenem Gemeinwesen, dessen Repräsentanten das Gemeinwohl zu vertreten und zu verwalten vorgeben, ein Systemphänomen. Aber das wird ungern zugegeben, von in Politik und Wirtschaft Verantwortlichen erst gar nicht erkannt. Die Parole lautet zum Beispiel »Sparprogramme durchziehen«, kritische Analysen und Ursachenforschung sind nicht gefragt (sie wären eher lästig und würden politische Entscheidungen, die um jeden Preis durchgepeitscht werden sollen, nur aufhalten). So sorgen Politiker dafür, dass der Einzelne dem so genannten Gemeinwohl skeptisch gegenüber steht und am Ende, im Klartext gesagt, sogar darauf pfeift.

Wer sich jedoch in einem Land wohlfühlt, seine Entfaltungsmöglichkeiten findet, der wird auf das Gemeinwohl dieses Landes auch einen entsprechenden Wert legen. Denn er bezieht ja sein Wohlbefinden aus dem Gemeinwohl, zu dem er seinerseits beigetragen hat und weiterhin beizutragen gedenkt, weil ihm an der Fortsetzung seines eigenen Wohlbefindens gelegen ist. Wo diese enge Wechselwirkung zwischen individuellem Wohl und Gemeinwohl durchbrochen wird, dort sind Terrorismus und Anarchie programmiert. Die dann, unter umgekehrten Vorzeichen, moralisch allerdings genauso gut legitimiert werden können wie ihre Unterdrückung durch diejenigen, die meinen, aufgrund ihrer Machtansprüche auch Moral gepachtet zu haben (siehe Kapitel 3). In der Kleingruppe ist alles selbstverständlich viel einfacher. Auch dort treten zwar Konflikte auf, aber sie sind so überschaubar wie die Zahl der Akteure. Der Eigennutz, den dabei jemand aus seiner Gruppe zieht, ist ebenso offenkundig wie das Wohlergehen der Gruppe, die dem Einzelnen zu verdanken ist. Der Weg zurück in die steinzeitliche Horde ist uns aber versperrt, und niemand von uns würde sich ihn wünschen. Doch leben wir auch heute in Kleingruppen, in Familien, in Freundeskreisen, in kleinen Vereinen und so weiter. In diesen Gruppen lernen wir Moral, das heißt gegenseitige Hilfe und Kooperation. In solchen Gruppen erfahren wir in der Regel auch, dass es sich auszahlt, etwas für ihre Stabilität zu tun, weil wir selbst davon profitieren. Mit Staaten aber haben wir unsere Probleme. Staaten sind notwendige Übel. Übel allemal und notwendig nur deshalb, weil sich die Menschheit in den letzten paar Jahrtausenden (und vor allem in den vergangenen Jahrzehnten) so exorbitant vermehrt hat, dass es ihr längst nicht mehr möglich ist, sich jeweils in Gruppen von einigen Dutzend Individuen zusammenzuschließen.

Schon der spanische Philosoph José Ortega y Gasset (1883-1955) hat in seinem bekannten Buch *Der Aufstand der Mas-*

sen »die Verstaatlichung des Lebens« kritisiert und treffsicher erkannt, dass die Einmischung des Staates in alle Belange des Individuums jeden kreativen gesellschaftlichen Antrieb schwächt beziehungsweise unterdrückt. Ortega würde sich heute freilich wundern, wenn er sehen könnte, in welchem Ausmaß das überstaatliche Gebilde der Europäischen Union kreative soziale Antriebe und individuelle Lebensentwürfe – im Namen einer in allen ihren Implikationen und möglichen Konsequenzen nie wirklich durchdachten Idee – unterdrückt. Den kritischen Bürger jedenfalls müssen auch heute Zweifel plagen, wenn er sieht, dass die vorgebliche Wertegemeinschaft zunehmend auf Profit und Kapital reduziert und von »Finanzkräften« determiniert wird. Natürlich weiß jeder, dass wirtschaftliche Interessen von vornherein ein Maß gebender Faktor bei der Entwicklung der Europäischen Union waren. Aber wenn die »europäische Idee« ausschließlich auf ökonomische Imperative gegründet sein soll, dann dürfen ihre Vertreter uns das auch ruhig sagen und uns mit »Werten« in Ruhe lassen, mit denen weder wir noch sie etwas anzufangen wissen.

Nietzsche stellte für den Staat des 19. Jahrhunderts einen »unsinnig dicken Bauch« fest. Er konnte nicht ahnen, dass dieser Bauch immer dicker wird, gefüttert nicht allein von jenen, die ihn repräsentieren, sondern auch von allen, die sich ihm freiwillig unterwerfen und denken, von ihm profitieren zu können.

Der Zweck moralischen Handelns liegt darin, jeweils gegebene soziale Strukturen zu stützen und aufrechtzuerhalten. Das war meine auf S. 15 gegebene Definition von Moral. Nun müssen wir aber feststellen, dass Moral auch missbraucht, sozusagen zweckentfremdet gebraucht werden kann. Wie Schmidt-Salomon in seinem schon zitierten Buch schreibt:

> Moralische Argumentationsmuster haben ... nicht bloß das Manko, dass sie uns auf autoritär vorgegebene Dogmen festlegen, wo es eigentlich gilt, auf kreative Weise flexible Lösungsmöglichkeiten für Interessenkonflikte zu finden. Sie verführen uns auch dazu, unser Gegenüber zu entmenschlichen und als Sündenböcke zu missbrauchen, indem wir abgewehrte Anteile unserer eigenen Person oder unserer Bezugsgruppe auf sie projizieren und in ihnen auf brutalste Weise bekämpfen (2009, S. 198).

Das Aufrechterhalten der eigenen Sozietät kann Aktivitäten nach außen rechtfertigen, die – würde man sie innerhalb der eigenen Gruppe entfalten – als unmoralisch gelten. Nochmals bleibt hier auf das Wir-Gefühl zu verweisen (siehe S. 49). Dieses hat sich in der Evolution im Dienste des Gruppenzusammenhalts entwickelt und hat also durchaus positive Funktionen. Aber wie praktisch jede unserer, in der Evolution entstandenen Neigungen kann es sich unter bestimmten (ideologischen, ökonomischen) Voraussetzungen auf destruktive Weise entfalten. Im nächsten Kapitel folgen weitere Erörterungen dazu.

MORAL KANN SICH AUSZAHLEN!

Ja, wann, unter welchen Bedingungen? Vom Prinzip der Gegenseitigkeit war bereits die Rede, und es wird darauf noch zurückzukommen sein. Dieses Prinzip aber schließt nicht aus, dass mancher Mensch die jeweils gültigen moralischen Normen durchbricht, dass er sagt:»Also, mich gehen diese Normen nichts an, schließlich habe *ich* sie ja nicht erfunden. Ich werde so handeln, dass ich optimalen Nutzen für mich gewinne, auch wenn ich anderen dadurch Schaden zufüge.« Kann man gegen so jemanden überzeugend argumentieren? Juristen brauchen sich darüber keine besonders großen Sorgen zu machen, sie verweisen auf Gesetze und brauchen keine moralphilosophischen Argumente anzuführen. Als ich einen prominenten österreichischen Gerichtspräsidenten anlässlich einer Diskussionsveranstaltung einmal fragte, worin genau der Unterschied zwischen Zivil- und Strafrecht bestünde, bekam ich als Antwort:»Strafrecht ist, was im Strafgesetzbuch steht, Zivilrecht alles andere.« Alles klar? In der Moralphilosophie sollte man den Dingen aber doch auf den Grund gehen.

Jeder Mensch wird mit einem »kindlichen Egozentrismus« geboren, lernt aber allmählich, dass er Teil einer Gemeinschaft ist (leider bleibt vielen Kindern in unserer Welt diese Erfahrung versagt), dass auch andere Menschen ihre Wünsche und Bedürfnisse haben und diese mit einer gewissen Berechtigung artikulieren. Auf solche Weise kann sich beim Individuum ein Gefühl für den reziproken Altruismus entwickeln. Dieses Gefühl entwickelt sich relativ leicht, weil eine stammesgeschichtliche, evolutionäre Neigung dafür besteht.

Der »sozial reife« Mensch versucht schließlich, einerseits seine eigenen Interessen durchzusetzen, andererseits aber – und sei es bloß in Erwartung eigener Vorteile – die Menschen seiner Umgebung zu berücksichtigen und mit ihnen zu kooperieren. Biographien von Menschen sind freilich oft sehr komplex, und mancher gerät, trotz relativ optimaler »Kinderstube«, auf die »schiefe Bahn«. Davon aber soll hier nicht die Rede sein. Die Frage lautet: Wie kann man jemandem, in jedem beliebigen Stadium seines Lebens, verdeutlichen, dass es sich auszahlt, moralisch zu handeln? (Wobei nur die Minimalmoral, der reziproke Altruismus, gemeint ist.)

Es ist interessant, wenn auch völlig verständlich, dass Verbrecher nicht wünschen, an sich selbst das zu erfahren, was sie anderen Menschen antun. Ein Dieb, der zum Beispiel eine teure Uhr gestohlen hat, wird sich sehr ärgern, wenn die ihm ein anderer stiehlt. Da hat er sich die Mühe gemacht und das Risiko auf sich genommen, in einem Juwelierladen einzubrechen, und geht dann seiner Beute verlustig. Nun glaube ich zwar nicht, dass notorische Diebe und Einbrecher ihr Leben ändern werden, wenn man sie selbst bestiehlt. Aber die negative Erfahrung, die sie durch ihre Handlungen bei anderen Menschen auslösen, an sich selbst zu erfahren, müsste ihnen zu denken geben. Zumindest, und so viel steht fest, befinden sie sich dann selbst in der Situation ihrer Opfer. Aber immerhin haben viele Diebe, Räuber und Einbrecher so viel Moral, dass sie zwar nichts dabei finden, eine Bank auszurauben, doch niemals bei Tante Emma einbrechen würden. In dem Zusammenhang ist auch zu erwähnen, was als *Robin-Hood-Effekt* bezeichnet werden kann. Dem edlen Räuber, der Reiche und Wohlhabende beklaut und das Diebesgut noch dazu unter den Armen verteilt, gebührt Respekt; und das umso mehr, wenn die Beklauten ihrerseits auf dubiose Weise zu ihrem Vermögen gekommen sind. Es ist daher psychologisch verständlich, wenn Ganoven, die große und mächtige Organisationen wie Versicherungsgesellschaften um ein paar Millionen prellen, in den Augen vieler bloß Kavaliersdelikte begehen und sogar eine gewisse Faszination auf viele von uns ausüben.

Eine wesentliche Rolle in der Entwicklung des moralischen oder unmoralischen Verhaltens spielt beim Individuum die Vorbildwirkung. Wer in einer Umgebung aufwächst, in der Einbruch, Diebstahl und Betrug die Regel sind, wird sich in seiner »Karriere« mit hoher Wahrscheinlichkeit davon stark beeinflussen lassen. Er wird sich sagen, dass es sich nicht lohnt, in einer unmoralischen Umgebung moralisch zu handeln – oder wird sich solcher Begriffe erst gar nicht bedienen. Und man wird schwer Argumente dagegen finden. Was will man Straßenkindern in den Slums der Millionenstädte in Afrika, in Asien, in Lateinamerika denn sagen? Dass alles seine Ordnung habe und sie sich daher entsprechend verhalten sollen? Wir kommen in Kapitel 4 noch darauf zu sprechen.

Günstigere soziale und ökonomische Bedingungen vorausgesetzt, kann sich moralisches Handeln durchaus lohnen. Weil man daraus ein persönliches gesellschaftliches Plus gewinnen kann. Selbstverständlich gilt auch in diesem Zusammenhang die Devise »Wie du mir, so ich dir«. Lebt man in einer Umgebung, in der Hilfsbereitschaft hochgehalten wird, in der man selbst wiederholt Hilfe erfährt und sich auf andere verlassen kann, wird man mit einer gewissen Wahrscheinlichkeit auch dazu neigen, sich selbst entsprechend zu verhalten. Dazu ein kleines Beispiel aus meiner eigenen Biographie. Ich war fünf oder sechs Jahre alt, als einmal ein Geldbriefträger in der Nähe unseres Hauses seine Geldtasche verlor; er trug gerade die Renten aus, die damals noch (jedenfalls im ländlichen Raum) von der Post zugestellt wurden, sodass sich ein zumindest für seinerzeitige Verhältnisse recht ansehnlicher Geldbetrag in seiner Tasche befunden haben muss. Mein Vater fand die Tasche und erklärte, er müsse den Briefträger suchen gehen. Er fügte beiläufig hinzu, dass der sonst größte Schwierigkeiten bekommen würde, ganz zu schweigen davon, dass ja viele alte Leute auf ihr Geld warteten, welches sie dringend benötigten. Mein Vater hielt also keine Moralpredigt. Aber sein Handeln und seine wenigen Worte, die erkennbar Selbstverständliches zum Ausdruck brachten, haben mich sehr beeindruckt. Sonst würde ich mich heute kaum noch daran erinnern. Wie man sich seinen Mitmenschen gegenüber verhalten soll, das lernt man durch solche und ähnliche Erlebnisse viel besser als auf der Grundlage abstrakter Moralprinzipien.

3. DIE REICHWEITE DER MORAL

Die Haupt- und Grundtriebfeder im
Menschen wie im Tiere ist der Egoismus,
d. h. der Drang zum Dasein und zum Wohlsein.

ARTHUR SCHOPENHAUER

Betrachten wir einmal die folgenden moralischen Forderungen:

»Bevorzuge keinen Menschen (auch nicht Verwandte und Freunde), sondern stehe zu allen Menschen gleich gut!«

»Verhalte dich selbstlos und leiste stets Hilfe, ohne eine Gegenleistung zu erwarten!«

»Sei bereit, deine Interessen stets den Interessen der Gemeinschaft (der Partei, dem Staat, der Kirche und so weiter) unterzuordnen!«

»Begnüge dich mit dem Nötigsten, das du zum Leben brauchst, und verzichte auf Eigentum!«

»Strebe nicht nach unmittelbarer Lustbefriedigung, sondern halte dich an ›ewige Werte‹!«

»Hege keine bösartigen Absichten gegen Menschen, die dir Böses getan haben!«

»Sei enthaltsam und werde nur im Dienste der Fortpflanzung sexuell aktiv!«

Die Liste ließe sich natürlich ergänzen. Aber wie unschwer zu erkennen ist, habe ich diese Imperative nicht frei erfunden; sie waren oder sind noch, in der einen oder anderen Form, in manchen ideologischen beziehungsweise religiösen Systemen enthalten. Eines haben sie alle gemeinsam: Sie sind nicht *lebbar*. Nach dem in den beiden vorangegangenen Kapiteln Gesagten kommt das auch nicht überraschend. Für unser Thema, wie viel Moral denn der Mensch verträgt, haben wir damit aber ganz entscheidende Anhaltspunkte.

WIE WEIT REICHT »NÄCHSTENLIEBE«?

»Liebe deinen Nächsten wie dich selbst!« ist ein etwas schwieriger Imperativ. Denn wir wissen aus unzähligen Alltagserfahrungen, dass meist jeder sich selbst der Nächste ist (»das Hemd ist mir näher als der Rock«). Dann kommen die engsten Verwandten und diejenigen Leute, mit denen man Freundschaften pflegt. Weitblickende Ethiker haben denn auch erkannt, dass nicht die Nächsten-, sondern die *Selbstliebe* die entscheidende Antriebskraft im Handeln des Menschen sei. Ich zitiere aus dem überaus lesenswerten Buch *Ethik. Auf der Suche nach dem Richtigen und Falschen* aus der Feder des australischen Philosophen John L. Mackie (1917-1981):

> Alle wirklichen Gesellschaften und alle, die es sich aus unmittelbar praktischen Interessen lohnt zu betrachten, sind von der Art, daß ihre Mitglieder zu einem großen Teil unterschiedliche und einander widersprechende Interessen ver-

folgen. Wir müssen davon ausgehen, daß ihre Handlungsweisen weitgehend in der Verfolgung dieser unterschiedlichen und einander widerstreitenden Interessen bestehen
werden und folglich weder vom Wohl aller her motiviert
sind noch den ... Test, das allgemeine Glück zu mehren, bestehen (Mackie 1981, S. 164).

Wie kann denn unter solchen Umständen überhaupt jemand auf die Idee kommen, Nächstenliebe zu fordern?
Nun haben wir in den beiden vorangegangenen Kapiteln
gesehen, dass der Mensch – als soziales Lebewesen – sozusagen dazu angelegt ist, sich kooperativ zu verhalten und
anderen seine Hilfe angedeihen zu lassen. Aber auch das
entspricht durchaus unseren Alltagserfahrungen. Wobei der
Altruismus (siehe S. 32 ff.) in der Regel zu Hause, in der eigenen Familie, beginnt und sich darüber hinaus auf ein paar
Freunde erstreckt. Außerdem sind wir anderen Menschen, mit
denen wir nicht verwandt oder befreundet sind, meistens in
solchen Situationen zu helfen bereit, die wir aus eigener Erfahrung kennen und in denen wir selbst schon die Hilfe anderer in Anspruch genommen haben. Eine geradezu klassische
Situation ist, dass wir uns in einer fremden Stadt verlaufen
und jemanden nach dem Weg fragen. Wenn auch nicht alle,
so sind die meisten Leute, die wir dabei ansprechen, doch
gewillt, uns weiterzuhelfen. Und wir machen das umgekehrt
auch so. Freilich, es kostet uns ja praktisch nichts, kurz ste-
henzubleiben und die Auskunft zu erteilen, dass sich etwa
das fragliche Gebäude in der nächsten Seitengasse befindet.
Würde uns aber irgendeine beliebige Person zum Beispiel mit
der Bitte ansprechen, ihr für ein paar Stunden beim Ausladen

von Obst- und Gemüsepaketen behilflich zu sein, dann hätten die meisten von uns damit ein Problem. Unser Zusammengehörigkeitsgefühl, das Wir-Gefühl, ist sozusagen in abgestufter Weise entwickelt. Negativ gewendet wird es durch ein altes somalisches Sprichwort auf den Punkt gebracht: »Ich und Somalia gegen die Welt; ich und mein Clan gegen Somalia; ich und meine Familie gegen den Clan; ich und mein Bruder gegen die Familie; ich gegen meinen Bruder.« Positiv tritt das Gefühl der Zusammengehörigkeit besonders stark auf, wenn Gefahr von außen droht. Manche zerstrittene Familie präsentiert sich spontan geschlossen gegen eine plötzlich auftretende fremde Person, die ihren Anspruch auf das Erbe des Großonkels anmeldet. Eine Allianz zahlt sich aus, wenn man einen gemeinsamen Feind hat. Da können sich nicht nur Familien, sondern auch größere Gruppen bis hin zu abstrakten Gebilden wie Staaten zusammenschließen (die Geschichte liefert dafür manches Beispiel). Und würden außerirdische Intelligenzen die gesamte Menschheit bedrohen, dann würden wahrscheinlich tatsächlich sogar alle Menschen »zusammengehören«, die Feindschaften, Fehden und Kriege der Völker und Nationen wären unter solchen Umständen zumindest während der Zeit der Gefahr vergessen. Der Film *Independence Day* liefert ja ein derartiges Szenario. Jeder beliebige Mensch steht jedem anderen beliebigen Menschen näher als ein hässlicher, ekelhafter Außerirdischer, der die Absicht hegt, sich auf der Erde niederzulassen und uns zu zerstören.

Solange unser Planet nicht von außerirdischen Wesen bedroht wird – wir wollen ja hoffen, dass es nie soweit kommt –, müssen wir wohl oder übel damit leben, dass sich unsere anderen Menschen gegenüber empfundenen Sympathien in Grenzen halten und Nächstenliebe in nur begrenztem Umfang praktiziert wird.

Darwin ist zwar weithin bekannt für seine düstere, auf den »Kampf ums Dasein« (siehe S. 23) gegründete Naturtheorie, weniger bekannt sind jedoch seine gesellschaftlichen Visionen. In seinem Buch *Die Abstammung des Menschen* finden wir folgende bemerkenswerten Zeilen:

Wenn der Mensch in der Kultur fortschreitet und kleine Stämme zu größeren Gemeinwesen sich vereinen, so führt die einfachste Überlegung jeden Einzelnen schließlich zu der Überzeugung, daß er seine sozialen Instinkte und Sympathien auf alle, also auch die ihm persönlich unbekannten Glieder desselben Volkes auszudehnen habe. Wenn er einmal an diesem Punkte angekommen ist, kann ihn nur noch eine künstliche Schranke hindern, seine Sympathien auf die Menschen aller Nationen und aller Rassen auszudehnen. Wenn diese Menschen sich in ihrem Äußeren und ihren Gewohnheiten bedeutend von ihm unterscheiden, so dauert es, wie uns leider die Erfahrung lehrt, lange, bevor er sie als seine Mitmenschen betrachten lernt« (1966, S. 155f.).

Hier kommt bereits der Gedanke einer weltweiten *Solidarität* aller Menschen zum Ausdruck. Und Darwin ging sogar noch einen Schritt weiter, indem er die Ausdehnung unserer sozialen Instinkte und Sympathien über die Schranken der Menschheit hinaus, also Menschlichkeit gegen Tiere, in Betracht zog. Damit zählt er, ganz nebenbei gesagt, zu den Vordenkern der modernen *Tierethik* und *Tierrechtsbewegung*.

Was der Engländer, vom Fortschrittsgedanken des 19. Jahrhunderts beseelt (siehe S. 23), nicht wissen – ja, nicht einmal ahnen – konnte, war, dass das darauf folgende Jahrhundert der Menschheit zwei Weltkriege und eine Unzahl anderer (stets natürlich von Menschen!) verursachter Scheußlichkeiten bescheren würde. Sicher, man soll nicht nur das Schlechte sehen, sondern auch dem Guten Aufmerksamkeit schenken. So wurden – wovon Darwin ebenfalls nichts wissen konnte – vor über sechzig Jahren *Menschenrechte* deklariert, die jedem und jeder vor allem ein Recht auf Leben und Freiheit ebenso zusichern, wie sie Sklaverei, Folter und Diskriminierung des Einzelnen verbieten. Die regelmäßig insbesondere durch *Amnesty International* veröffentlichten Berichte von *Menschenrechtsverletzungen* sind freilich ernüchternd. Dabei geschehen Grausamkeiten, die Menschen an anderen Menschen verüben, oft durchaus im Zeichen irgendeiner Moral. Wir werden in diesem Kapitel noch sehen, dass Moral mit Macht gar häufig eine gefährliche Allianz bildet und durch Macht korrumpiert werden kann.

Nächstenliebe im wörtlich verstandenen Sinn ist jedenfalls nur begrenzt lebbar. Aufgrund unserer in der Evolution entwickelten biologischen und emotionalen Grundstruktur sind wir nicht in der Lage, tatsächlich *alle* Menschen in die Arme zu schließen. Und es ist nun einmal so, dass wir nicht imstande sind, *allen* Menschen dasselbe Ausmaß an Sympathie entgegenzubringen. Das wissen wir aus dem Alltag. Manche Menschen sind uns einfach nicht sympathisch, auch wenn wir rational keinerlei Gründe dafür finden. Mit anderen wiederum können wir uns schnell anfreunden. Dafür sind vorrationale Zensoren verantwortlich, denen wir uns nicht entziehen können.

Nimmt man ein so elementares Gebot wie »Du sollst nicht töten!«, das bei praktisch allen uns bekannten Kulturen (auch jenen, die die biblischen Zehn Gebote nicht kennen) als moralische Norm verankert ist, dann könnte man meinen, ein ausdrucksstarkes Bekenntnis zur Nächstenliebe und zur Achtung aller Menschen vor Augen zu haben. Bei näherer Hinsicht jedoch erweist sich dieses Gebot als sehr eingeschränkt gültig. In Kriegssituationen wird es nicht nur aufgehoben, sondern in sein Gegenteil verkehrt: Feinde soll man töten. Das Alte Testament gibt überdeutlich zu erkennen, dass dieses Gebot nicht bedeutet, kein Mensch dürfe getötet werden. Es bezieht sich nur auf die Angehörigen des eigenen Volkes. Ansonsten aber gilt:

Jedoch von den Städten dieser Völker, die der Herr, dein Gott, dir zum Eigentum übergibt, sollst du überhaupt kein Wesen am Leben lassen. Mit dem Bann sollst du sie ausrotten, die Hethiter, Amoriter, Kanaaniter, Perissiter, Hiwwiter und Jebusiter, wie der Herr, dein Gott, dir geboten hat. Sie sollen euch nicht lehren, dergleichen Greueltaten zu tun, die sie ihren Göttern zu Ehren verübt haben, damit ihr nicht auch sündigt wider den Herrn, euren Gott (5 Moses 20, 16-18).

In diesen Zeilen wird auch das Gebot sichtbar, dass Menschen und Völker mit »anderer« Moral zu unterjochen und auszurotten seien. Was unter bestimmten Vorzeichen als moralisch schlecht gilt, also das Töten, ist unter anderen Vorzeichen moralisch gut. Darauf wird gegen Ende dieses Kapitels noch zurückzukommen sein.

Nächstenliebe, so können wir hier zusammenfassen, ist nur

begrenzt praktizierbar. Die Tatsache, dass die meisten von uns bereit sind, für hungernde Kinder in Afrika oder für Katastrophenopfer in Asien ein paar Euro zu spenden oder für die Freilassung politischer Häftlinge irgendwo auf der Welt zu demonstrieren, kann über diese Grenzen nicht hinwegtäuschen. Solche Handlungen kosten uns ja nicht viel, und es ist eines, aus der Ferne ein wenig zu helfen und dabei noch ein gutes Gewissen zu haben, ein anderes, sich an Ort und Stelle zu engagieren und dabei hohe Risiken einzugehen. Und es ist wiederum eines, in Berlin, Wien oder Zürich für politische Gefangene in China oder im Iran auf die Straße zu gehen, ein anderes, diese nach deren Freilassung bei sich zu Hause aufzunehmen. Man verstehe mich nicht falsch. Ich sage nicht, dass wir den Ärmsten der Armen nichts spenden sollen; und ich sage nicht, dass wir gegen politische Willkür irgendwo auf diesem Globus nicht protestieren sollen. Aber bleiben wir am Boden. Der etwa von dem deutschen Philosophen Werner Becker (1937-2009) so bezeichnete *fernethische Illusionismus* soll uns nicht blenden. Nur *Nahmoral* sind wir wirklich zu praktizieren imstande – aber auch nicht immer und nicht unter allen Umständen. So erweist sich auch Darwins oben zitierte Vision als nicht realistisch.

MORAL UND MASSE

Der amerikanische Evolutionsbiologe Richard Alexander bemerkt in seinem Buch *The Biology of Moral Systems*, dass im jüngsten Abschnitt seiner Stammesgeschichte die den

Menschen hauptsächlich prägende feindliche Macht die Gegenwart anderer Menschen sei. Die, wie hinzuzufügen bleibt, auch ständig mehr werden. Mit heute weit über sechs Milliarden Individuen seiner Spezies stellt der Mensch unter den größeren Säugetieren den absoluten Rekord auf. Alle vier Arten der Menschenaffen (Schimpanse, Bonobo, Gorilla, Orang-Utan) bringen es zusammen auf nicht mehr als schätzungsweise 360.000 Individuen. Der moderne Mensch, der Mensch der Zivilisation, lebt heute hauptsächlich in *anonymen Massengesellschaften*, die sich von den auf S. 47 erwähnten Primär- oder Sympathiegruppen grundsätzlich, quantitativ und qualitativ unterscheiden. Hier müssen wir ein prinzipielles und ernsthaftes Problem ins Auge fassen: Auf das Leben in solchen Gesellschaften war der Mensch nicht vorbereitet; er ist im Herzen ein Kleingruppenwesen geblieben. Es braucht nur jeder von uns sich einmal zu vergegenwärtigen, mit wie vielen seiner Artgenossen er regelmäßigen persönlichen Kontakt pflegt. Ihre Zahl ist in jedem Fall sehr begrenzt, wir kommen dabei auf die archaische Kleingruppe. Selbstverständlich haben wir im Alltags- und Berufsleben heutzutage in der Regel mit viel mehr Menschen zu tun, aber es bleibt in den meisten Fällen bei einer einmaligen, kurzen und flüchtigen Begegnung.

Natürlich sind mir die Kassiererinnen des Supermarktes, in dem ich regelmäßig einkaufe, bekannt, und umgekehrt werde ich ihnen längst aufgefallen sein – aber wir wissen nichts voneinander, ein näherer persönlicher Kontakt kommt ja gar nicht in Frage. Aufgrund meiner ausgedehnten Vortragstätigkeit komme ich mit unzähligen Menschen in verschiedenen Ländern zusammen – ihre Zahl übersteigt jedenfalls die

Zahl der Individuen einer Kleingruppe um Größenordnungen –, aber meistens bleibt es bei kurzen, einmaligen Begegnungen, allenfalls bei einem Abendessen oder einer Plauderei am Rande der Vortragsveranstaltung. Manche Kollegen treffe ich häufiger und regelmäßiger bei Symposien, aber deren Zahl ist schon wieder viel geringer; inzwischen alte Bekannte, von denen ich den einen oder anderen vielleicht sogar als Freund bezeichnen darf. Es sind die »üblichen Verdächtigen«, die ein bestimmtes Thema immer wieder zusammenbringt. Was all die anderen, flüchtigen Begegnungen betrifft, ist es in manchen Fällen wohl schade, dass es bei einem einmaligen Treffen bleibt, ich über die jeweiligen Menschen persönlich nur sehr wenig weiß und weitere Kontakte nicht zustande kommen. Andererseits müssen wir davon ausgehen, dass wir persönliche Nähe mit einer größeren Zahl von Menschen nicht ertragen (was ja wiederum im Kleingruppenwesen begründet liegt). Konrad Lorenz erwähnte in Gesprächen immer wieder seinen »Freund« soundso – und es waren sehr viele, die er da als seine »Freunde« apostrophierte. Auf die Frage, wie es denn kommt, dass er so viele Freunde habe, gab er einmal die Antwort: »Ja, ich sehe jeden Einzelnen von ihnen nur selten.« Diese Antwort geht über das bloß Anekdotische hinaus. Sie bringt eben die evolutionär begründete Tatsache zum Ausdruck, dass wir wirkliche Nähe nur zu relativ wenigen Menschen aufbauen können. Von vielen anderen uns bekannten Menschen dürfen wir getrost denken, dass sie unsere Freunde sind, zumal diese »Freundschaft« ja ohnedies nie auf die Probe gestellt wird. Es ist eines, mit jemandem ein oder zwei Mal pro Jahr einen netten Abend zu verbringen, ein anderes, dieselbe Person ständig um sich zu haben. Freilich kann der Ausdruck »Freund« inflationär verwendet werden (das geschieht auch oft und war keineswegs allein bei Lorenz der Fall), doch können Redefloskeln nicht darüber hinwegtäuschen, dass jeder von uns eine nur recht begrenzte Zahl von »wirklichen« Freunden hat.

Es ist jedenfalls offenkundig, dass wir uns auch in den anonymen Massengesellschaften auf ein Leben in der Kleingruppe zurückziehen und die Zahl der Menschen, zu denen wir intensive Kontakte pflegen, klein bleibt. Jeder von uns lebt nach wie vor in Primär- oder Sympathiegruppen. Die Begegnung mit sehr vielen uns fremden Menschen empfinden wir vielfach als sozialen Druck, wenn nicht gar Überdruck. Mein beliebtes Beispiel ist die volle Straßenbahn. Wir kennen die Situation in Großstädten zu bestimmten Tageszeiten; da drängen sich viele Menschen in das Massenbeförderungsmittel (welches zu Recht so bezeichnet wird), der eine steigt dem anderen auf den Fuß, man wird gestoßen und muss vielleicht noch Schweißgeruch – wenn nicht Schlimmeres – aushalten. Bei all dem mögen keine bösartigen Absichten im Spiel sein (alle wollen ja nichts weiter als nur schnell nach Hause kommen), angenehm aber ist es nicht. Wie also fühlen wir uns im Allgemeinen in einer solchen Situation? Freuen wir uns darüber, dass so viele unserer Artgenossen auf so engem Raum sich mit uns versammeln? Wollen wir ihnen allen die hütende Hand reichen? Diese Fragen möge jeder, dem die beschriebene Situation vertraut ist, für sich beantworten. Ich persönlich pflege, wenn das Gedränge in der Straßenbahn zu groß wird, an der nächsten Haltestelle auszusteigen und zu Fuß weiterzugehen (was ohnedies gesünder ist).

In den anonymen Großgesellschaften unserer Städte – es gibt mittlerweile Metropolregionen von über dreißig Millionen Einwohnern (während in der älteren Steinzeit die gesamte

Weltbevölkerung nie die Zehn-Millionen-Marke überschritten haben dürfte!) – funktioniert die soziale Kontrolle im »klassischen« Sinn selbstverständlich nicht mehr. Nicht immer ist es ratsam, einem um Hilfe bittenden Menschen auch zur Hilfe zu eilen, da es sich dabei um eine Falle handeln könnte: Jemand könnte vortäuschen, dass er Hilfe benötigt, um damit ein potentielles Opfer anzulocken. Zugleich wollen in den urbanen Großgesellschaften viele mit den Problemen ihrer »Mitmenschen« ohnedies nichts zu tun haben. Sie sehen und hören daher nicht, dass ihr Nachbar regelmäßig seine Tochter verprügelt oder dass ein alter Mann vor seiner Wohnungstür kollabiert ist. Solches wahrzunehmen kann ja Ärger bringen. Da bedeutet es oft nichts, dass unterlassene Hilfeleistung unter Strafe gestellt wird (vgl. S. 37). Umso eifriger ist aber so mancher bei der Sache, wenn der Hund des Nachbarn im Treppenhaus einmal seine Stoffwechselvorgänge nicht unter Kontrolle hat – diese »Schweinerei« (unter Anführungszeichen, weil es sich um einen Hund handelt) darf natürlich nicht durchgehen. Die meisten von uns kennen in ihrer Umgebung den einen oder anderen Saubermann, die eine oder andere Sauberfrau mit ausgeprägtem Sinn für Ordnung und Moral. Es handelt sich meist um typische »Doppelmoralisten«, denen man im Alltag am besten aus dem Weg geht, die aber gefährliche Subjekte repräsentieren, weil sie sich unter gegebenen politischen Umständen zu eifrigen Mitläufern und Denunzianten entwickeln.

Mit der Größe der Gesellschaft, mit zunehmender Zahl ihrer Mitglieder, wird deren soziales Band nicht stärker, sondern schwächer. Umso größer werden die Fährnisse einer Bildung von Pseudofamilien, wovon auf S. 50 bereits die Rede war. In

»normalen« Zeiten zieht sich der Einzelne von der Massengesellschaft aber gern in sein trautes Heim zurück – was man
ihm aus schon erwähnten Gründen nicht verübeln kann. Allerdings sollte man auch in der Massengesellschaft ein Mindestmaß an Anteilnahme erwarten dürfen. Warum? Weil wir,
wie bereits auf S. 35 angedeutet wurde, mit der Fähigkeit zum
Mitgefühl, zur Empathie ausgestattet sind und die biosoziale
Evolution flankierend auch das Gewissen hervorgebracht hat.
Ein Mensch, der sich vor Schmerz krümmt, lässt die meisten
von uns nicht kalt, auch wenn es sich um eine uns völlig
fremde Person handelt. Wir empfinden Mitleid mit ihm. Das
geht bekanntlich so weit, dass uns sogar manche Figuren in
Filmen oder Romanen leidtun, obwohl wir wissen, dass sie
und ihre Schicksale frei erfunden sind. Dennoch versagen in
der Masse die hierfür zuständigen emotionalen Mechanismen
nur allzu leicht, weil wir emotional auch nicht unbegrenzt
belastbar sind.

In Wien erlebte ich vor ein paar Jahren folgende Situation:
An einer U-Bahn-Station während der Hauptverkehrszeit tor-
kelte eine junge Frau umher und fiel schließlich hin. Das wäre
an sich nicht besonders auffällig, aber die Frau rang nach Luft
und zeigte bei genauer Hinsicht Symptome, die nicht mehr
als Folge eines gewöhnlichen Besäufnisses gedeutet werden
konnten. Da die Batterie meines Mobiltelefons leer war, versuchte ich, andere Leute dazu zu bewegen, die Rettung zu rufen. Das war gar nicht so einfach. Erst nachdem ich sechs oder
sieben Personen angesprochen hatte (die sich entweder, ohne
ein Wort zu sagen, schnell ein paar Schritte weit entfernten
oder mit bedaulicher Miene zu verstehen gaben, dass sie
kein Mobiltelefon besitzen [!]), fand sich jemand bereit, die

Rettung zu verständigen. Es stellte sich dann heraus, dass die junge Frau (die übrigens keineswegs verwahrlost aussah) eine hohe Dosis Rauschgift genommen hatte. (Möglicherweise wollte sie Suizid begehen.) Wieso aber verweigerten etliche Leute ihre Hilfe? Was hätte es sie denn gekostet, die Rettung zu rufen? Die Antwort ist eigentlich recht einfach. Abgesehen von dem Umstand, dass viele Menschen wegen einer ihnen fremden Person keine, wie auch immer gearteten, möglichen Kalamitäten auf sich nehmen wollen (siehe oben), entlastet die Masse das eigene Verantwortungsgefühl. Man kann sich sozusagen auf die Vermutung zurückziehen, dass ja andere schon helfen würden.

Ein weiteres Beispiel: In New York, mitten in Manhattan, stieß ein mit ziemlich hoher Geschwindigkeit eine abschüssige Straße hinunterfahrender Radfahrer einen Passanten um. Der Radfahrer überschlug sich zwar, rappelte sich aber schnell wieder hoch, während der Passant mit dem Hinterkopf auf den Asphalt prallte und regungslos liegen blieb. Möglicherweise war er tot. Ich war beeindruckt, wie schnell ein Ambulanzwagen zur Stelle war. Dann geschah Folgendes: Der Rettungsarzt ging mit offensichtlicher Gelassenheit auf den auf dem Boden Liegenden zu und drehte ihn mit dem Fuß (!) um, um seinen Hinterkopf (buchstäblich von oben herab) zu inspizieren. Bekannte in Wien, denen ich später von dieser Begebenheit berichtete, wollten mir nicht wirklich glauben. Ein Münchner Filmregisseur, dem ich davon erzählte, glaubte mir sofort. Er verwies auf einen halbdokumentarischen Film, der das Verhalten von Rettungsfahrern und Rettungsärzten in Los Angeles zeige und bestätige, was ich in New York beobachtet hatte. Ich habe diesen Film zwar nie gesehen, kann mir aber vorstellen, welch kritisches Potential er enthält. Um hier nicht missverstanden zu werden, beeile ich mich zu sagen, dass ich nicht verallgemeinern möchte und keineswegs annehme, dass alle New Yorker Rettungsärzte ein Unfallopfer zuerst mit ihren Füßen »betasten«. Doch selbst wenn dieses Beispiel ein einmaliges sein sollte, muss es uns zu denken geben. Warum aber war ich und waren mit mir andere Leute vom Verhalten jenes Rettungsarztes irritiert? Ich denke, dass wir dabei im Leben in der Kleingruppe erworbene Erwartungen unbewusst in die Massengesellschaft projizieren.

Ein wehr- und hilflos daliegendes Mitglied unserer eigenen Sippe muss behutsam behandelt werden. Kulturell tradierte Normen haben sicher auch dazu beigetragen, dass dieser »Imperativ« einen gewissen Stellenwert hat.

Auf anonyme Massengesellschaften sind die auf Gegenseitigkeit beruhenden Regeln der Kleingruppe nicht übertragbar, obwohl sich bestimmte emotionale Grundstrukturen auch dort verankern lassen. In der anonymen Masse ist sich zunächst tatsächlich jeder selbst der nächste, ein Fremder unter Fremden.

Man kann nicht jedem uneingeschränkt Hilfe angedeihen lassen. In der Masse einen Bekannten oder gar alten Freund wahrzunehmen, erfüllt uns umgekehrt mit Befriedigung und Freude.

Es kommt nicht von ungefähr, dass Menschen überall auf der Welt künstliche Kleingruppen bilden. In der Fremde stiftet dabei oft schon das gemeinsame Herkunftsland beziehungsweise die gemeinsame Sprache ein soziales Band. Interessant ist, was zum Beispiel der mit seinem *Tierleben* viele Generationen begeisternde Zoologe und Schriftsteller Alfred Edmund Brehm (1829-1884) über seine *Reisen in den Sudan* und das Leben damals in Khartum berichtet:

> Nun komme man ... nach Chartum! Da bedarf es weder eines Empfehlungsschreibens noch einer längeren Bekanntschaft, um in den Kreis der dort lebenden Europäer einzutreten; die Worte »Meine Herren, ich bin ein Europäer« genügen, wenn sie in einer Sprache gesagt werden, welche einer der Anwesenden versteht, den Neuangekommenen in jedes europäische Haus zu führen. Die Umgangssprachen der Europäer in Chartum sind Französisch und Italienisch; wer nur wenige Worte einer dieser Sprachen sprechen kann, ist als Landsmann beglaubigt. Erst nach längerer Unterhaltung wird gefragt: »Mein Herr, welcher Nation gehören Sie an?« (1983, S. 163 f.).

Nur eine Seite weiter erläutert Brehm auch die Hintergründe dieses Wir-Gefühls. Die Erinnerung an ihre Heimat sei das Band, welche die Europäer in Khartum vereint: »So viele einander widersprechende Charaktere würden sich nirgends im Vaterlande anziehen. Nur die Allmacht der heimischen Sprache, Sitte und Gewohnheit *zwingt* sie, in ziemlicher Eintracht zusammenzuleben.« Auch heute noch würden sich in Khartum ein Bayer und ein Berliner oder ein Tiroler und ein Burgenländer näherkommen als in ihren jeweiligen Heimatländern.

Es darf uns daher nicht wundernehmen, wenn sich in unseren Städten Inseln, um nicht zu sagen Ghettos, von Einwanderern bilden, Menschen, die lieber unter sich bleiben, als sich im fremden Land zu »integrieren«. Dass sich dabei viel an politischem Sprengstoff entzünden kann, muss nicht eigens betont werden. Die Lunte brennt ja bereits. Leider haben Politiker etwa in Deutschland, in Österreich und in anderen Ländern Europas die Probleme schon zu lange unter den Teppich gekehrt. Auf der einen Seite steht eine naive »Multikulti«-Ideologie, auf der anderen Seite reagiert man mit einem Burka-Verbot (und droht bei Missachtung sogar Strafen an). Auf der einen Seite pocht das Gebot der *Toleranz* auf seine Verwirklichung, auf der anderen Seite fürchten wir um die eigene kulturelle Identität. Unsere und vor allem die Hilflosigkeit unserer Politiker ist dabei mit Händen zu greifen. Sie manifestiert sich in einem Wirrwarr von Meinungen und überzogenen Forderungen nach allen Richtungen. Der deutsche Altbundeskanzler Helmut Schmidt ist weit und breit einer der ganz wenigen, die die Probleme – vor dem Hintergrund einer breiten kulturgeschichtlichen Perspektive – beim Namen nennen. In einem Interview mit der österreichischen Tageszeitung *Kurier* (am 1. März 2010) sagte er, dass ein wirkliches Zusammenleben mit islamischen Minderheiten in einer überwiegend nicht islamisch orientierten Gesellschaft wegen des großen Unterschieds auf Dauer unwahrscheinlich sei. Er wies aber auch darauf hin, dass fast alle heute muslimisch dominierten Staaten noch vor neunzig Jahren Kolonien europäischer Industriestaaten waren und dass einer der großen Irrtümer westlicher Ideologen heute in dem Glauben bestehe, ihre Demokratie auf die ganze Welt ausbreiten zu müssen. Darüber ist nachzudenken. Das Nachdenken sollte nicht finsteren Demagogen überlassen werden, die mit dem Wir-Gefühl ein gefährliches Spiel treiben.

Wir müssen immer unsere stammesgeschichtliche Mitgift im Auge behalten. Wir sind nicht die rationalen Wesen, die wir – oder viele von uns – zu sein vorgeben. Auch in unserer Zivilisation, die unsere ganze Evolutionsgeschichte ja nur mit einer äußerst dünnen Haut umgibt, tappen wir fortgesetzt in die Fallgrube unseres Steinzeitgehirns. In unserem sozialen Leben pflegen wir ein archaisches Freund-Feind-Denken und unterscheiden uns diesbezüglich kaum von anderen Tieren. In verschiedenen Tiersozietäten werden gruppenfremde Artgenossen meistens nicht mit ausgesuchter Freundlichkeit behandelt. Der »Fremde« wird zunächst beschnuppert und nur allmählich akzeptiert oder überhaupt sofort davongejagt. Eine geschlossene Tiergruppe ist eine mehr oder weniger stabile Einheit (siehe Kapitel 1), die »fremde Elemente« nicht ohne weiteres duldet. Ein Wolf, der seine Gruppe – aus welchen Gründen auch immer – verlässt, wird nicht von jedem anderen Rudel gleich anstandslos aufgenommen. Die in der Antike und in der jüdisch-christlichen Glaubenstradition verwurzelte Ideologie, wonach dem Menschen ein völlig anderer, »höherer« Status zukommt als den übrigen Säugetieren, hat uns ein falsches Selbstbildnis vorgegaukelt, welches dann noch von Philosophen, Soziologen, Pädagogen und Politikern späterer Jahrhunderte zur Karikatur entstellt wurde. Der Mensch erschien so ausschließlich als Produkt seiner eigenen gesellschaftlichen und kulturellen Verhältnisse; und es wurde völlig übersehen, dass eben diese seine Verhältnisse von den in der Tiefe seiner Natur sitzenden Antrieben beeinflusst, wenn nicht determiniert werden. Der Mensch kann schließlich nur so viel Kultur produzieren, wie ihm seine Natur erlaubt. Unsere Planer und Macher, unsere Weltverbesserer in Ost und West, Nord und Süd, glauben, sich darüber hinwegsetzen zu können – weil sie von der Natur des Menschen im Allgemeinen keine Ahnung haben. Was ja noch gar nicht so schlimm wäre, wenn ihnen ihre eigene Natur nicht auch ständig einen üblen Streich spielen würde, den dann andere auch zum Teil sehr schmerzhaft zu spüren bekommen. Man wird fragen, was es uns denn nutzt, wenn wir unsere archaischen Verhaltensantriebe kennen, sie aber nicht zu kontrollieren vermögen. Es nutzt uns insoweit, als wir stets mit ihrer Wirkung rechnen müssen und daher unsere gesellschaftlichen und politischen Strukturen sowie die damit verbundenen moralischen Forderungen mit ihnen in Einklang bringen sollten.

Noch einmal: Für das Leben in anonymen Massengesellschaften sind wir nicht geboren. Als eine recht flexible Spezies können wir uns damit einigermaßen arrangieren, aber auch nur innerhalb relativ enger Grenzen, die wir allerdings noch nicht ausgelotet haben. Einstweilen signalisieren uns Amokläufe, Bürgerkriege, Terroranschläge, blutige Protestaktionen sowie persönlich empfundene Überbelastungen (die sich unter anderem im in seiner statistischen Häufigkeit offenbar zunehmenden *Burn-out-Syndrom* manifestieren), dass diese Grenzen bald erreicht sein werden oder bereits erreicht sind. Die Geschwindigkeit der Prozesse in allen Lebensbereichen heute tut das Ihre dazu. Daher haben Lebens- und Familienberater, Anlageberater, Gesundheitsapostel, Fitnesstrainer, Versicherungsmenschen und so weiter und so fort nunmehr Konjunktur. Das Schema ist seit alters bekannt: Zuerst entmündigt man den Einzelnen, dann stellt man ihm Hilfe zur Verfügung (für die er allerdings bezahlen muss!). Jedoch gibt es für das gegenwärtige Zeitalter dafür keine wirklichen Präzedenzfälle.

Die von dem Ökonomen und Philosophen Leopold Kohr (1909-1994) ausgegebenen Parolen *small is beautiful* und *slow is beautiful* enthalten aber bereits den Kern der Lösung.

So meine ich auch, dass die einzige Hoffnung eine Organisation menschlicher Sozial- und Wirtschaftssysteme in kleineren Einheiten mit Selbstverwaltung und Eigenverantwortung wäre, die dem Einzelnen die größtmöglichen Entfaltungsmöglichkeiten böten. Die Menschheit rückt angeblich immer näher zusammen – aber der Schein trügt. Ihre gewaltigen Sozial- und Wirtschaftssysteme sind riesige Luftblasen, die jederzeit platzen können, gefährliche Experimente, deren Ausgang völlig ungewiss ist und wahrscheinlich schnurgerade in die Katastrophe führen wird. Wie man es auch dreht und wendet, dem amerikanischen Politologen Roger Masters ist zuzustimmen, wenn er Folgendes schreibt:

Eine höchst ungewöhnliche Kombination von Umständen ist erforderlich, damit eine Säugetierart bürokratische Regierungen und Gesellschaften sehr großen Umfangs aufrechterhält. Zwar ziehen diejenigen, die in einer zivilisierten Welt leben, viele Vorteile aus den kollektiven Gütern, die der Staat bereitgestellt hat, eine evolutionäre Perspektive zeigt indes, daß solche Sozialsysteme theoretisch und praktisch verwundbar sind (1988, S. 282).

Und ihre Verwundbarkeit, so bleibt hinzuzufügen, steigt mit ihrer Größe und der Geschwindigkeit, mit der sie sich entwickeln.

Selbstverständlich haben in der Situation, in die wir uns mit großen Schritten manövriert haben, auch Moralapostel Konjunktur und mahnen Werte ein. Das wäre nicht weiter schlimm – im Gegenteil, jeder von uns sollte sich ab und an darauf besinnen, was ihm wertvoll ist –, wenn diese Mahnung nicht mit dogmatischen, Totalität und Absolutheit heischenden Ansprüchen daherkäme. Menschen Werte sozusagen von oben aufzudrängen und politisch zu legitimieren, war und ist mit großen Fährnissen verbunden. Keine Frage: Moral ist ein Machtfaktor oder wird häufig in den Dienst von Macht gestellt.

MORAL UND MACHT

Albert Einstein (1879-1955) war nicht nur einer der bedeutendsten Physiker aller Zeiten, sondern machte sich auch über politische, sozialphilosophische und ethische Fragen seine Gedanken. Sehr aufschlussreich dazu ist sein Buch *Mein Weltbild*, aus dem ich hier eine längere Passage zitieren möchte:

> Es ist eine uralte Frage: Wie soll sich der Mensch verhalten, wenn der Staat ihm Handlungen vorschreibt, die Gesellschaft von ihm eine Haltung erwartet, die das Gewissen als unrecht verwirft?
>
> Die Antwort liegt nahe: Du bist völlig abhängig von der Gesellschaft, in der du lebst. Du mußt dich deshalb ihren Vorschriften unterwerfen. Du kannst nicht für solche Handlungen verantwortlich gemacht werden, die unter unwiderstehlichem Zwang zustande kommen.
>
> Man braucht dies nur deutlich auszusprechen, um zu bemerken, wie sehr eine solche Auffassung dem normalen Rechtsgefühl widerstreitet. Äußerer Zwang kann die Verant-

wortung des Individuums in gewissem Sinne mildern, aber nicht aufheben ... Was an unseren Institutionen, Gesetzen und Sitten moralisch wertvoll ist, stammt aus den Äußerungen des Rechtsgefühls zahlloser Individuen. Einrichtungen sind in moralischem Sinn ohnmächtig, wenn sie nicht durch das Verantwortungsgefühl lebendiger Individuen gestützt und getragen werden (1970, S. 14).

Ich möchte daran gleich das Postulat knüpfen, dass wir moralischen Individualismus benötigen. Aber Näheres dazu folgt in Kapitel 5.

Moral war immer schon eine Legitimation von Macht. Das muss hier nicht weiter begründet werden, da uns die gesamte Menschheitsgeschichte zeigt, dass diejenigen, die über andere Macht ausüben wollen, mit bemerkenswerter Regelmäßigkeit auf »höhere Werte« rekurrieren, auf unwandelbare, eherne Gesetze, die zu bewahren beziehungsweise durchzusetzen sie sich berufen fühlen. »In God We Trust« stellt in den Vereinigten Staaten von Amerika nicht einfach ein privates religiöses Bekenntnis dar, sondern ist gleichsam ein nationaler Leitspruch, der das Land gegenüber anderen Ländern positiv »wertgebunden« abgrenzen soll. Es ist mir natürlich bekannt, dass dieser Leitspruch inzwischen auch von Amerikanern kontrovers diskutiert wird. Andererseits kann man sich einen amerikanischen Präsidenten, der sich offen dazu bekennt, *nicht* an Gott zu glauben, einfach nicht vorstellen. Quelle höherer, unwandelbarer Werte muss freilich nicht immer Gott sein. Im *historischen Materialismus* ist es die Geschichte, in die festgeschriebene Gesetze projiziert werden, welche die Entwicklung der

Menschheit bestimmen sollen. Wer oder was die Gesetze der Geschichte festgeschrieben haben könnte, das bleibt offen. Der Fortschrittsgedanke spielt dabei allerdings eine wesentliche Rolle. Seinen Gefahren habe ich bereits ein eigenes Buch gewidmet (siehe Literaturverzeichnis). Hier sei nur so viel dazu gesagt: Es gibt keine objektive Definition von »Fortschritt«, und falls man sich darauf einigen kann, dass Fortschritt mit »Verbesserung« (der menschlichen Lebensumstände) gleichzusetzen sei, dann bedarf auch »Verbesserung« einer kritischen Reflexion. Keineswegs alle Menschen sind davon überzeugt, dass die Lebensform der westlichen Industriegesellschaften die einzig richtige sei. Andererseits wird der ganze Globus heute von diesen Gesellschaften und ihrer Schnelllebigkeit überrollt, werden andere Lebensformen – vor allem die der indigenen Völker auf verschiedenen Kontinenten – nicht geduldet. Schließlich impliziert der Glaube an den so genannten Fortschritt auch moralische Imperative. Klar: Die »rückschrittlichen« Völker haben auch die falsche Moral. Und weil wir eben »fortschrittlich« sind, müssen wir ihnen unsere Moral diktieren.

Eine auf vermeintlich höhere Prinzipien gegründete Moral kann deshalb relativ leicht durchgesetzt werden, weil das Bedürfnis des Menschen nach *Metaphysik* zu seinen – wenn auch spät erworbenen – Gattungsmerkmalen zählt. Der Glaube, dass es »hinter« den wahrnehmbaren Erscheinungen noch eine »andere« Welt gibt, ist ein Charakteristikum des *Homo sapiens*, den Schopenhauer denn auch treffend als *Homo metaphysicus* bezeichnet hat. Nach allem, was wir über die Kreaturen dieses Planeten wissen – von Außerirdischen wissen wir nach wie vor nichts –, ist der Mensch in der Tat das einzige Lebewesen, das an ein Jenseits, an ein Weiterleben nach dem Tode zu glauben neigt. (Viele glauben sogar ganz fest daran.) Dieser Glaube wiederum hat mit dem abermals spezifisch menschlichen *Todesbewusstsein* zu tun, dem Wissen um die eigene Sterblichkeit. Wüssten wir nicht, dass unser Dasein begrenzt ist, würden wir nicht über dessen *Sinn* nachdenken und uns natürlich nicht wünschen können, »ewig« zu leben. Wir würden in diesem Fall aber auch keine »ewigen Werte« benötigen; die benötigen Schimpansen, Hunde, Katzen oder Pferde schließlich auch nicht. Ein Lebewesen, das metaphysische Vorstellungen hegt, ist freilich leicht zu beschwindeln. In seinem Bedürfnis nach einer »höheren Ordnung«, die ihm unwandelbare und allgemein gültige Werte vorgibt, geht es leicht falschen Propheten und Scharlatanen auf den Leim, die nur ihre eigenen Machtansprüche durchsetzen wollen. Auch Schimpansen oder Wölfe »wollen« Macht, einen hohen Rang in ihrer Gruppe, und sie können diesen weder erlangen noch verteidigen, indem sie den anderen Gruppenmitgliedern »ewiges Heil« oder Ähnliches versprechen. Ein Leitwolf etwa kann seinem Rudel keinen »Bären aufbinden«. Da es im Wolfsrudel um sehr »profane« Dinge geht (Aufspüren von Futterquellen), wird er bald von den anderen zurückgepfiffen, wenn er sie in die falsche Richtung führt; obendrein werden seine »Entscheidungen« ohnehin von anderen Rudel-Mitgliedern durchaus beeinflusst. Bei unseren politischen Machthabern ist das anders. Die können ihre »Rudel« über Jahre hinweg täuschen und betrügen, bevor sie »zurückgepfiffen« beziehungsweise abgelöst werden. Was auch nur in demokratischen Gesellschaften funktioniert. In Diktaturen können Jahrzehnte verstreichen, bis sich gegen die größenwahnsinnigen Machthaber allgemeiner Unmut regt – der dann aber oft, wie uns Geschichte und Gegenwart zeigen, blutig niedergeschlagen wird.

Weil Menschen, anders als etwa Wölfe, in abstrakten Weltbildern zu leben imstande sind, sind sie auch wesentlich anfälliger für allerlei Versprechungen ihrer (weltlichen und kirchlichen) Führer. Das stammesgeschichtlich angelegte Bedürfnis nach Gruppenidentität (Wir-Gefühl, siehe S. 49) erweist sich als eine Triebkraft bei der Legitimation von Macht. Der österreichische Philosoph und Ideologiekritiker Ernst Topitsch (1919-2003) widmete den dabei maßgeblichen Zusammenhängen in seinem Buch *Erkenntnis und Illusion* eine profunde Analyse und stellte Folgendes fest:

Die Überzeugung, im Namen Gottes, der Weltordnung oder der ewigen Gerechtigkeit zu handeln und des durch die Vorstellung oder das große Gesetz der Geschichte garantierten Endsieges gewiß zu sein, stärkt das Selbstvertrauen von Individuen und Gruppen ganz außerordentlich. Die Konsequenzen in der geschichtlich-gesellschaftlichen Wirklichkeit sind freilich sehr verschieden. Solange die bestehende Sozialordnung unbestritten ist, wirkt ihre vermeintliche Verankerung in der kosmischen Ordnung stabilisierend auf sie zurück. Sobald aber dennoch Spannungen aufbrechen, berufen sich meist beide Seiten auf jene hehren Prinzipien, was die Konflikte verschärft und Kompromisse erschwert. Doch können umgekehrt auch viele, die zur kompromißlosen Durchsetzung ihres Standpunktes entschlossen sind, mit Hilfe solcher Begründungen ihre Ansprüche rechtfertigen und oft sogar alle moralischen Bedenken beiseite schieben (1979, S. 217 f.).

Letzteres fällt ihnen umso leichter, als sie sich ohnehin als Hüter der einen und einzig richtigen Moral dünken. Diese unselige Verquickung von Moral und Macht sollte endlich aufhorchen lassen. Sie ist nichts Neues, und ich bin nicht der erste, der auf sie hinweist. Aber vielleicht wird nicht jeder den Schluss ziehen wollen, dass wir deshalb nicht mehr, sondern weniger Moral brauchen. Insbesondere können wir auf eine Moral, die nur der Legitimation von Machtansprüchen dient, überhaupt verzichten. Und damit kommen wir zu einem besonders unerfreulichen Aspekt der Moral.

KORRUMPIERTE MORAL

Moral macht korrupt. Nicht immer, aber oft genug ist sie Bestandteil von Machtverhältnissen, von Machtansprüchen, die Zustände bewirken, welche – unter anderen Vorzeichen – als moralische Katastrophe empfunden werden. Leider kommt dieses Empfinden oft zu spät. Ein weiteres Mal ist hier auf das Wir-Gefühl zurückzukommen. In seinem aufschlussreichen Buch *Die Wurzeln der Kriege* stellt der Biologe Bernhard Verbeek dazu fest:

> Es ist wirklich ein starkes Band, das aus tiefsten Emotionen gewebt ist, aus Gefühlen, die eine eigene Gestaltungskraft haben. In seinem glanzvollen Stoff sind mit viel Gold fantastische Bilder aus heroischer Vergangenheit gewirkt. Auf der hässlichen Rückseite allerdings zerfließen die bunten und glänzenden Fäden zu verworrener Bedeutungslosigkeit.

Bei genauerer Analyse des komplizierten Geflechts entdeckt man am Mantel der Geschichte die Kehrseite des Prunks: Niederlagen, Niedertracht, Verrat und Verbrechen ungeheuren Ausmaßes. Doch das mächtige Wir-Gefühl möchte eine solche Analyse verbieten. Gezeigt werden darf – von besonderen Ausnahmen abgesehen – nur das, was innerethnisch auch bevorzugt wahrgenommen wird: die prächtige Paradeseite, die das Nervensystem mit solchen Informationen überflutet, die euphorisierende Substanzen ausschütten – Endorphine zu weiterer kollektiver Feier. Wo die Fahnen wehen, da ist der Verstand in der Trompete (2004, S. 13).

Was ist von einer Moral zu halten, die sich praktisch jederzeit in ihr Gegenteil verkehren kann? Anders, besser gefragt: Was ist von Menschen mit Moralprinzipien zu denken, die eben diese Prinzipien dazu benutzen, um andere Menschen ihrer Lebensmöglichkeiten zu berauben?

Wie bereits auf S. 79 betont wurde, richtet sich das Tötungsverbot keinesfalls auf *alle* Menschen; gegebene Umstände und Feindbilder vorausgesetzt, wird es zum *Tötungsgebot* umfunktioniert. Das ist keinesfalls nur in Kriegssituationen so, sondern auch in Friedenszeiten. Man denke dabei an die *Todesstrafe*, die immer noch in vielen Ländern der Erde mit einiger Regelmäßigkeit vollstreckt wird. Was ist denn überhaupt von unserer Zivilisation zu halten? Sie ist angetreten, um das Böse in der Welt zu bekämpfen, doch ist ihr dabei nichts Besseres eingefallen, als sich jener Mittel zu bedienen, die sie als böse erachtet: Verfolgung anders Denkender, Folter, Mord ... Die Vorzeichen der Moral sind also austauschbar. Was unter bestimmten Bedingungen als moralisch gilt, kann unter anderen Bedingungen als unmoralisch gelten – und umgekehrt. Das Wir-Gefühl hilft, die eigenen moralischen Vorstellungen zum Nonplusultra zu erheben. Zu respektieren sind nur diejenigen, die diese Vorstellungen teilen; alle anderen nicht, die soll man daher notfalls liquidieren, weil sie (ihrer »Unmoral« wegen) gefährlich werden könnten oder schon sind.

Natürlich stünde jedem von uns ein wenig Selbstkritik gut an. Denn keiner von uns kann sich ganz der Idee entziehen, in der richtigen »Moralwelt« zu leben, die zu stören die anderen kein Recht haben. Schließlich wurden wir alle auch im Rahmen einer bestimmten Tradition erzogen und bekamen bestimmte Werte vermittelt, die eben diese Tradition am Leben erhalten sollen. Dagegen, so sei betont, ist nichts einzuwenden. Schließlich kann ja niemand außerhalb irgendeiner Tradition aufwachsen. Die Frage ist nur, wie wir auf dieser Basis mit anderen Traditionen umgehen; aber auch, wie wir Menschen, die in unserer eigenen Tradition aufgewachsen sind, sich aber »merkwürdig« benehmen, behandeln. Niemand muss, auch das sei betont, jedes beliebige Verhalten anderer Menschen gutheißen; schon gar nicht verbrecherisches Verhalten. Aber etwas nicht gutheißen, das bedeutet noch lange nicht, zu drastischen Mitteln zu greifen. Moralische Fundamentalisten führen uns vor, was korrumpierte Moral in letzter Konsequenz bedeutet. So erschoss ein fundamentalistischer Christ und radikaler Abtreibungsgegner in den USA einen Arzt, der Schwangerschaftsabbrüche durchführte, mit der Begründung, dass er ungeborenes Leben schützen wolle. Vor Gericht zeigte er sich uneinsichtig. Schutz von Leben durch Auslöschung anderen Lebens – das ist das Paradebeispiel für entstellte Moral, für Doppelmoral. Nicht so schlimm wie jenem amerikanischen Arzt, aber doch auch schon schlimm, erging es dem deutschen Ethiker und Rechtsphilosophen Norbert Hoerster, der es (zu früh?) gewagt hatte, sich für Sterbehilfe (siehe S. 134) in bestimmten Fällen auszusprechen. Hoerster berichtet:

Nachdem ich als Referent aus dem Bereich der Rechtsphilosophie von den Veranstaltern (der Ärztekammer Niedersachsen, der Akademie für ärztliche Fortbildung Niedersachsen und der Akademie für Ethik und Medizin) zu einer Tagung eingeladen worden war, wurde ich zwei Tage, nachdem ich auf einer Veranstaltung der Katholischen Akademie Trier zur Sterbehilfe von randalierenden Störtrupps an meinem Referat gewaltsam gehindert worden war und unter Polizeischutz die Stadt hatte verlassen müssen, von den Veranstaltern wieder ausgeladen (1998, S. 187 f.).

Soviel zur demokratischen Gesprächs- und Diskussionskultur. Aber für Doppelmoral gibt es noch viele andere Beispiele aus diesem und ähnlichen Problembereichen. Radikale Tierschützer etwa, die Menschen bedrohen und attackieren, um sie vom Missbrauch nichtmenschlicher Kreaturen abzubringen. Wobei »Missbrauch« relativ ist. Und immer bleibt die Frage, welche Mittel ein guter Zweck rechtfertigt. Gegen das Quälen von empfindsamen, leidensfähigen Tieren, das täglich an verschiedenen Orten weltweit praktiziert wird, ist vorzugehen. Die Vorgehensweise sollte aber nicht darin bestehen, Menschen – also andere empfindsame, leidensfähige Tiere – zu verletzen oder gar zu töten.

So schlimm schon einzelne Moralapostel sind, die unmoralisches Handeln anderen gegenüber mit ihrer eigenen Moral rechtfertigen (und meinen, dass sie ja im Dienste einer höheren Moral handeln), so ist die bereits besprochene Verknüpfung von Moral und Macht noch um einiges schlimmer. Der radikale Abtreibungsgegner, der einen Arzt erschoss, wurde immerhin – auch wenn das dem Mediziner nichts mehr nutzte – zu einer lebenslangen Freiheitsstrafe verurteilt. Damit wird er künftig keine Gelegenheit mehr haben, seine Moralvorstellungen gewaltsam durchzusetzen. Ob diese Freiheitsstrafe sonst noch einen positiven Effekt haben wird, bleibt fraglich. Aber noch weit gefährlicher sind jene Hüter der Moral, die ihre (moralischen) Absolutheitsansprüche aufgrund ihrer ideologischen Machtpositionen geltend machen können und nicht Gefahr laufen, eingesperrt zu werden. Hierzu schreibt der Philosoph und Kirchenkritiker Hubertus Mynarek Folgendes:

Fundamentalistische Führer, Päpste, Propheten, Politiker, Könige, Gurus sind im Allgemeinen nicht so dumm, nicht zu wissen, dass sie über das Absolute nicht verfügen können; vermutlich zweifeln sie auch manchmal daran , ob es das Absolute überhaupt gibt; oder sie sind zynisch genug, es für eine Illusion, für das »Opium des Volkes« zu halten. Aber aus ihrer Machtbesessenheit, ihrem Machtrausch heraus und dem Wissen, dass »nur das Absolute tröstet«, erheben sie etwas Relatives zum Absoluten, machen sie die Nation oder die Partei oder die Rasse, die Kirche oder die Konfession, den Profit oder die Klasse zum unbedingten, höchsten Wert, dem schrankenlose Verehrung und Anbetung gebühren (1998, S. 29).

Die unselige Verknüpfung von Moral und Macht ist zugleich eine unselige Verquickung unzähliger Leute mit ihren Machthabern, Leute, die sich nur zu gern gängeln lassen und ihr Leben, in Ermangelung eigener Initiativen, bereitwillig in die Hände jener legen, die sie kontrollieren wollen. Seit einiger Zeit überfliege ich Leserbriefe in Zeitungen. Sie sind sehr aufschlussreich. Zu manchen Themenbereichen von allgemeinem Interesse fand ich wiederholt Aussagen wie »Die EU wird das ohnehin lösen«, »Warten wir nur ab, bis die EU das Problem löst« oder »Es wird Zeit, dass die EU diesen Ländern endlich den Kopf wäscht« und so weiter. Hierbei handelt es sich um Hilferufe von Menschen, die ihre eigenen Anliegen gern in die Hände übermächtiger Institutionen legen und nicht wissen, dass diese Institutionen dabei sind, sie zu entmündigen (oder sie längst schon entmündigt haben). Vor solchen Menschen sei ausdrücklich und eindringlich gewarnt. Denn sie sind im Allgemeinen bereit, sich jeder übergeordneten Institution oder Instanz von eigenen Gnaden unterzuordnen, in dem blinden Glauben, dass die, was sie selbst nicht schaffen, in ihrem Sinne erledigen wird. Es sind Menschen, die in der Demokratie schlafen und in der Diktatur aufwachen, diese aber als solche nicht einmal im Wachzustand bemerken, weil sie – als Ahnungslose und Hilflose – auch in der Demokratie schon gegängelt wurden.

Korrumpierte Moral aber ist letztlich in der Moral – in den jeweiligen Moralvorstellungen – verwurzelt. Das ist ja das grundsätzliche Dilemma der Moral: Jeder, der sie durchsetzen will, läuft Gefahr, die Moral anderer zu verletzen. Der Wunsch nach absoluter Moral ist vor diesem Hintergrund gar nicht so unverständlich. Hätten alle Menschen tatsächlich den

Wunsch, die eine und nur die eine Moral zu vertreten, wäre alles viel einfacher. Oder? Na ja, einfacher vielleicht, aber um den Preis der Individualität, der individuellen Kreativität und der Vielfalt des (menschlichen) Lebens. Aber wir Menschen sind von Natur aus nun einmal so gestrickt, dass wir uns zwar alle gut durchs Leben manövrieren wollen, dafür aber immer wieder neue Strategien entdecken und entwickeln. Daher gibt es keine absolute Moral. Das verunsichert. Woran soll ich mich denn halten? An gar nichts kann ich mich halten, ich kann nur immer wieder neue moralische Lösungen – auf der Basis bewährter Strukturen der Kooperation und des reziproken Altruismus – finden und damit ein halbwegs erträgliches Zusammenleben mit anderen erreichen. Um die Korruption der Moral einzuschränken, wäre der Abschied von absoluten Werten und Normen unabdingbare Voraussetzung. Gefragt ist keine absolute Moral, sondern eine individuelle Verhandlungsmoral, unter Berücksichtigung der jeweils involvierten Menschen. Kanitscheider schreibt dazu:

> Wenn Ethik nicht universell ist, nicht objektiv und schon gar nicht objektiv begründbar ist, dann verliert der Dissens auch wesentlich an Aggressionspotential. Bei moralischer Entrüstung ist man dann auch nicht mehr gehalten, zur Flinte zu greifen, sondern einen Kognak zu nehmen (2000, S, 15).

Für alle an einem moralischen Konflikt Beteiligten wäre das die optimale Lösung. Am besten wäre es, wenn sie den Kognak in entspannter Situation gemeinsam trinken würden. Und falls sie alkoholische Getränke ablehnen, können sie auf pasteurisierte Milch oder Kräutertee zurückgreifen oder sich mit Mineralwasser zuprosten (ob damit derselbe entspannende Effekt erzielt werden kann, ist zwar fraglich, hängt aber wohl in erster Linie von den betreffenden Menschen und ihren Lebensgewohnheiten sowie ihrer gesundheitlichen Situation ab). Wie aber kommt es, dass moralischer Dissens überhaupt Aggressionen nicht nur zwischen Individuen schüren, sondern ganze Völker in Kriege treiben kann? Die Antwort darauf wurde bereits gegeben, doch bleibt hier noch Einiges dazu zu ergänzen. Es war schon von Mitgefühl und vom Gewissen die Rede, die wir als Antipoden zu aggressivem Verhalten ansehen können. Beide können aber unter bestimmten Umständen ausgeschaltet werden. Wenn die Fahne weht, bleibt nämlich nicht nur der Verstand, sondern auch jede menschliche Regung in der Trompete. Viele der Psychopathen des Dritten Reiches etwa zeigten nachträglich keinerlei Reue für die Gräueltaten, die sie angerichtet oder mit verschuldet hatten. Eher fühlten sie sich noch als Opfer, als der Zweite Weltkrieg für sie verloren war. Aber auch in »kleineren Maßstäben« zeigt sich, dass Mitgefühl und Gewissen häufig keine Wirkung tun beziehungsweise bei manchen Individuen überhaupt nicht entwickelt sind. Jugendliche, die ihr Opfer, obwohl es sich längst am Boden krümmt, weiter mit Fußtritten traktieren, nehmen wir aus den Medien heute als besonders schockierend wahr. Das sind sie auch. Nicht minder schockierend sind auch jene (erwachsenen) Täter, die ihr Opfer, das zu töten sie ohnedies längst beschlossen haben, vorher noch endlos grausam quälen.

Hier ist nicht der Ort, aufzuzeigen, wozu manche Menschen auf denkbar höchst negative Weise fähig sind. Wir alle wissen das ohnehin. Ich möchte jedoch betonen, dass eine

»gesunde« Entwicklung des Mitgefühls und des Gewissens nicht zuletzt davon abhängt, welche Möglichkeiten persönlicher Entfaltung dem Einzelnen insgesamt von vornherein beschieden sind. Auf die Vorbildwirkung habe ich schon hingewiesen. Unter »normalen« Umständen verfügt ein Mensch über eine Hierarchie emotionaler Strukturen, die ihn dazu anleitet, etwas zu tun oder zu unterlassen. Ein einprägsames Gedankenexperiment dazu beschrieb Konrad Lorenz:

> Man stelle sich vor, daß man einer langen Reihe verschieden hoher Lebewesen gegenüberstehe. Ein Salatkopf, eine Schnecke, ein Käfer, ein Frosch, eine Eidechse, ein Meerschweinchen, eine Katze, ein Hund und ein kleiner Schimpanse seien nebeneinander geboten, und nun wird der Bezweifler der Verschiedenartigkeit des Wertes dieser Organismen aufgefordert, einen von ihnen zu töten. Wenn es dann jemand ebenso leicht fallen sollte, ein höheres Tier umzubringen wie einen Salatkopf, so würde ich ihn allen Ernstes auffordern, bei nächster sich bietender Gelegenheit Selbstmord zu begehen, denn ein solcher Mensch wäre ein gemeingefährliches Monstrum (1974, S. 288).

Dass die Unterscheidung zwischen »niederen« und »höheren« Tieren inzwischen als problematisch gelten muss, braucht uns dabei nicht zu stören. Entscheidend ist hier, Folgendes festzuhalten: Wer in der Lage ist, einer Katze oder einem kleinen Schimpansen den Kopf mit derselben Gleichgültigkeit abzutrennen, mit der er einen Salatkopf durchschneidet, stellt in der Tat einen höchst gefährlichen Menschen dar, bei dem die Hierarchie der Emotionen vollkommen durcheinander geraten ist. Schon bei Kindern ist daher auf die Entwicklung ihrer Gefühlswelt zu achten und erforderlichenfalls eine Behandlung zu empfehlen.

Eine der größten Gefahren des zivilisierten Menschen – und auch darauf hat Lorenz hingewiesen –, besteht aber darin, dass in der modernen Kriegsführung der, der ein Massaker anrichtet, dieses erst gar nicht wahrnehmen und damit sein Mitgefühl und sein Gewissen, falls vorhanden, nicht belasten muss. Der Pilot eines Kampfflugzeuges, der auf ein zwar reales, auf seinem Bildschirm jedoch nur virtuell angezeigtes Ziel eine Bombe wirft, ist mit den Auswirkungen seiner Handlung nicht konfrontiert. Er sieht nicht, dass als Folge davon etwa einem Kleinkind ein Arm abgerissen wurde. Die militärische Sprachregelung heute kennt Begriffe wie »chirurgisch sauberer Krieg« und »Kollateralschäden«, Unworte, die bloß ungeheure Schweinereien verdecken sollen.

Die zukünftige Geschichtsschreibung wird nicht zuletzt den amerikanischen Präsidenten George Bush (den Jüngeren) als Verbrecher ausweisen müssen, falls sie sich an objektiven Tatsachen orientiert. In Afghanistan und im Irak wurden durch den Eingriff der USA (und ihrer Verbündeten) weitere verheerende Verbrechen gegen die Menschlichkeit provoziert, und die militärischen Interventionen selbst haben Tausende Menschen, vor allem auch Zivilisten, das Leben gekostet. In den Fernsehnachrichten bekommen wir nach wie vor praktisch ständig Meldungen aus diesen Ländern serviert, Meldungen von Bombenexplosionen und Selbstmordattentaten, die die meisten von uns inzwischen nicht mehr wirklich berühren, weil sie notorisch geworden sind und so gut wie jeder von uns davon bereits geradezu saturiert ist. Den Menschen in diesen beiden Ländern geht es jedenfalls inzwischen, nach vielen Jahren, im Allgemeinen nicht besser als früher, bevor man versuchte, sie im Namen der »westlichen Weltordnung« (und Moral!) zu retten.

Moral war immer anfällig für Korruption – das zeigen uns sogar manche Verhaltensweisen bei Schimpansen –, und so gut wie jeder, der einmal glaubte, Moral für sich gepachtet zu haben, schreckte vor keiner Grausamkeit zurück, sofern er nur über eine entsprechende Machtfülle verfügte. Ob Kaiser und Könige, Fürsten und Grafen, Päpste und Kardinäle, Ministerpräsidenten oder Finanzminister – sie alle wussten sich stets im Namen *ihrer* Moral auf Kosten anderer zu bereichern oder, schlimmer noch, sich jener Personen zu entledigen, die ihnen unliebsam waren oder gefährlich werden konnten. Der Mensch ist ein erfindungsreiches Lebewesen, und daher hat er auch eine bunte und breite Palette zur Beseitigung seiner ihm jeweils unangenehmen Artgenossen erfunden. Die Geschichte der Folter und Todesstrafe legt ein beklemmendes Zeugnis davon ab. Aber noch heute werden in verschiedenen Ländern Menschen gefoltert, gesteinigt, vergast, erschossen, enthauptet – und das nicht selten wegen geringfügiger Tatbestände, etwa wegen Drogenbesitzes oder unehelichen Geschlechtsverkehrs. Bemerkenswert ist dabei, dass im Falle des Drogenbesitzes vor allem in jenen Ländern äußerst rigoros (oft genug mit der Todesstrafe) vorgegangen wird, in denen die Herstellung von Drogen einen Wirtschaftsfaktor darstellt. Dazu noch mehr auf S. 155.

Alles in allem wird also sichtbar, dass wir nicht mehr, sondern weniger Moral brauchen. Denn wenn Moral dazu dient, Menschen zu unterdrücken, ihres Habs und Guts und

– im Extremfall – ihres Lebens zu berauben, dann sollten wir darauf verzichten. Denn unter den Menschen, die im Namen der Moral geschädigt werden, befinden sich ja nicht nur solche, die sich ihrerseits eines wahren Verbrechens (Mord, Totschlag, Raub, Einbruch und so weiter) schuldig gemacht haben, sondern auch Menschen, die nichts weiter wollen, als ihr eigenes Wohlbefinden zu steigern (etwa durch den Konsum von Drogen oder den Besuch von Prostituierten). Aber natürlich können Gesetzgeber – und damit erweisen sie sich als Vertreter einer korrupten Moral – jederzeit jede beliebige Handlung des Einzelnen kriminalisieren; sie können Verbrechen konstruieren, das heißt einer Handlung, die als solche niemanden stört, das Mäntelchen des Unmoralischen und Kriminellen anhängen. Natürlich werden sie dabei stets die Unterstützung selbsternannter kleiner Moralisten finden, die sich etwa maßlos darüber aufregen, dass sie in ihrer Wohngegend Prostituierten begegnen, während sie sich selbst pornographische Bilder oder Filme aus dem Internet herunterladen. Aber das ist ja schließlich etwas anderes, oder ...? Würden Politiker und Gesetzgeber Prostitution nicht ins kriminelle Eck stecken, würde man manches Verbrechen in ihrem Zusammenhang mit einer gewissen Wahrscheinlichkeit verhindern können. Gewiss, viele Frauen (inzwischen vielleicht auch Männer?) werden zur Prostitution gezwungen, aber keineswegs alle. Dass das älteste Gewerbe der Welt niemals abgeschafft werden kann, ist ja wohl klar, und wo es verboten ist, wird es im Geheimen praktiziert. Daher sollte man günstige Rahmenbedingungen für seine Ausübung schaffen. Mag sein, dass dieses Gewerbe wegen der kurzfristig jeweils sehr engen Berührung zwischen Anbieter und Kunde etwas heikler ist als manche andere. Aber grundsätzlich bräuchte es nicht als etwas Anrüchiges betrachtet zu werden.

Alles Anrüchige übt bekanntlich eine gewisse Faszination aus, und auch das Verbotene hat seinen Reiz. Verbietet man plötzlich weit verbreitete und gemeinhin tolerierte Handlungsweisen oder Gewohnheiten, dann ist die natürliche Folge eine Zunahme der Kriminalität. Ein besonders eindrucksvolles Beispiel dafür ist die amerikanische Prohibition zwischen 1919 und 1933, die nicht dazu führte, dass Alkohol von allen Menschen gemieden wurde, sondern vielmehr manchen erst zum Konsum alkoholischer Getränke animierte. Menschen, die irgendwo einen Tropfen Alkohol zu sich nehmen wollten, waren zu erstaunlichen kooperativen Leistungen bei dessen Beschaffung bereit. Das kommt überhaupt nicht überraschend. Denn geht es um lustvolle Erlebnisse unter Umgehung entsprechender Verbote, die von einer signifikanten Zahl von Menschen als sinnlos empfunden und abgelehnt werden, ist die Bereitschaft zur kurzfristigen Kooperation im Allgemeinen sehr hoch. Aber das ist nur die eine Seite der Medaille. Während der Prohibition in den USA nahm die Kriminalität stark zu. Die illegale Herstellung, Verbreitung und Konsumation von Alkohol bewirkte viele »Nebendelikte«, vor allem im Zusammenhang mit der Beschaffungskriminalität, und führte zu bewaffneten Straßenkämpfen um Geschäftsanteile.

Zuviel Moral kann also leicht den Charakter verderben. Hingegen wird jemand, dem es gegönnt ist, sich in einer Gemeinschaft zu entwickeln, in der er von anderen respektiert wird und lernt, dass umgekehrt auch andere Respekt verdienen, verschiedener moralischer Vorschriften erst gar nicht bedürfen.

4. WIE VIEL MORAL VERTRÄGT DER MENSCH?

Man sagt, der Mensch verletze Gottes Gebote, wenn er einen Mitmenschen umbringt. Wenn das zutrifft, sind die Führer der Völker ungeheuerliche Verbrecher; denn sie lassen im Namen Gottes zahllose Menschen umbringen.

FRANÇOIS M. VOLTAIRE

Es ist nicht zu übersehen, dass das Leben des Einzelnen zunehmend durch Vorschriften, Gebote und Verbote eingeschränkt wird. Man soll sich nur nicht täuschen lassen und denken, dass das in früheren Zeiten genauso oder noch viel schlimmer gewesen sei. Es hängt natürlich davon ab, welche Zeiten man meint – das Hochmittelalter, die Renaissance, das 19. Jahrhundert ... Und man muss auch geographisch differenzieren. Aber zu keiner Zeit wurden so viele *Gesetze* erlassen wie heutzutage, zumal in den westlichen Industriegesellschaften. Gesetze müssen sich natürlich nicht auf Moral beziehen, denn wenn beispielsweise nunmehr in der Wiener Innenstadt Sitzmöbel und Sonnenschirme in allen Gartenlokalen per Gesetz eine einheitliche Form aufzuweisen haben, dann kommt dabei gewiss kein moralischer Anspruch zum Vorschein, sondern lediglich eine schon geradezu pathologisch gesteigerte Lust an Vorschriften von Seiten der dafür politisch Verantwortlichen. Trotzdem wäre es zu einfach und zu billig, Gesetze von moralischen Vorstellungen völlig zu separieren. Da Moral, wie im letzten Kapitel dargelegt wurde, nicht zuletzt Machtansprüche widerspiegelt, rekurrieren alle, die Gesetze erfinden, bewusst oder unbewusst (direkt oder indirekt) auf ihre Vorstellungen darüber, wie Menschen leben sollen, was sie zu tun oder zu unterlassen haben. Im vorliegenden Kapitel geht es also ganz allgemein darum, wie viel an Vorschriften, die sein Leben regulieren, der Einzelne aushält. Die Frage ist natürlich nicht quantitativ zu verstehen, so wie ja Moral insgesamt nicht als mathematische Größe zu definieren ist. Prinzipiell läuft die Antwort auf die Frage darauf hinaus, dass unsere Moralfähigkeit von Natur aus begrenzt ist und wir uns mit moralischen – oder vermeintlich moralisch begründeten – Geboten und Verboten regelmäßig überfordern. *Wir brauchen nicht mehr, sondern weniger Moral.* Es bleibt dabei stets im Auge zu behalten, dass viele Gesetze mit Moral im engeren Sinn tatsächlich kaum etwas zu tun haben. Andererseits dürfen wir nie übersehen, dass Gesetze ein Sollen oder Nicht-Dürfen enthalten und insoweit als fleischgewordene Moralprinzipien gedeutet werden können, auch wenn der Gesetzgeber nicht ausdrücklich auf Moral rekurriert.

WAS SOLL ICH TUN? – WAS KANN ICH TUN?

Die Grundfrage der Ethik oder Moralphilosophie lautet ganz einfach »Was soll ich tun?«. Das heißt, was soll ich tun, um moralisch richtig, sittlich zu handeln? Für Immanuel Kant (1724-1804) war die Antwort klar. In seiner 1788 erschienenen *Kritik der praktischen Vernunft* – das Buch ist ein Meilenstein in der Geschichte der abendländischen Ethik – legte er eine auf die Autonomie der Persönlichkeit gegründete *Pflicht-Ethik* dar. Demnach ist das menschliche Handeln nur dann moralisch, wenn es von der Achtung vor dem Sittengesetz und der Befolgung der Pflicht getragen ist. Kant war von der Freiheit des sittlichen Tuns überzeugt und postulierte die Unsterblichkeit des sittlich Handelnden, da dieser in seinem irdischen Dasein den Lohn seiner Sittlichkeit zu empfangen nicht befugt sei.

Den Königsberger Weltweisen, der die nächste Umgebung seiner Vaterstadt nie verließ und von dem keinerlei persönliche Verfehlungen überliefert sind, kann man als Vertreter eines rigorosen Moralismus oder *moralischen Absolutismus* charakterisieren; und man mag ihm unterstellen, dass er aus der Enge seines Welthorizonts argumentierte. Nimmt man jedoch seine späteren Schriften zur Hand, dann erkennt man, dass, auch wenn Kants persönlicher Bewegungsradius sehr klein war (für die damalige Zeit allerdings nichts Ungewöhnliches), sein geistiger Horizont und seine Kenntnis der Menschennatur aber eine beachtliche Weite und Tiefe aufweisen.

Es wäre vermessen, hier nun eine kritische Würdigung der gesamten Philosophie Kants zu versuchen – das kann auch gar nicht in der Absicht dieses Buches liegen. Jedoch muss Kants Pflicht-Ethik unsere Aufmerksamkeit erregen. Eine reine »Pflichtmoral« widerspricht nämlich unseren evolutionären Dispositionen. Aber ich habe mit dem Pflicht-Begriff ohnehin meine Schwierigkeiten, insbesondere, wenn ich an die »allgemeine Wehrpflicht« (in Friedenszeiten) denke. Die Antwort eines früheren österreichischen Bundespräsidenten, als er mit seinen Aktivitäten im Zweiten Weltkrieg konfrontiert wurde – »Ich habe nur meine Pflicht getan« –, gehört zum Peinlichsten, was mir im Zusammenhang mit »Pflicht« einfällt. Hätte der Mann gesagt, dass er nur seine eigene Haut retten wollte, dann wäre das etwas ganz anderes gewesen, durchaus verständlich (es fiele mir nicht ein, ihn deswegen zu kritisieren, schon weil ich nicht wissen kann, auf welche Weise ich seinerzeit versucht hätte, meine Haut zu retten).

Zunächst aber geht es hier um Folgendes: Der Frage »Was *soll* ich tun?« ist die Frage »Was *kann* ich tun?« stets voranzustellen: Was können wir von Menschen überhaupt realistisch erwarten? Wie viel Moral verträgt der Mensch als biologisches Wesen, dessen Verhalten und Handeln von uralten stammesgeschichtlichen (Überlebens-)Antrieben beeinflusst, wenn nicht bestimmt wird? Wir müssen jedenfalls mit Grenzen unserer Moralfähigkeit rechnen. Zwar sind diese Grenzen nicht so exakt zu definieren wie etwa geometrische Figuren, aber dass es sie gibt, ist unbestreitbar. Jeder wird zugeben, dass unser Erkenntnisapparat (Gehirn, Sinnesorgane) begrenzt ist, dass wir zum Beispiel keinen »Sinn« für exponentielles Wachstum haben, uns Lichtgeschwindigkeit, Elementarteilchen und so weiter nicht (intuitiv) vorstellen können. Analog dazu sind auch unserem Moralvermögen Grenzen gesetzt. So wie unser Erkenntnisapparat nicht dafür programmiert ist, die »absolute Wahrheit« zu erkennen, sondern nur seinen »Träger« durch eine insgesamt lebensfeindliche Welt zu manövrieren, so wurde auch unser Verhalten nicht auf die Erfüllung von »Pflichten« vorbereitet. Mein beliebtes Beispiel in diesem Zusammenhang ist: Man stelle sich ein plötzlich etabliertes moralisches Gebot vor, welches nur zwei Stunden Schlaf pro Tag erlaubt. Dieses Gebot ließe sich – mit einiger

Anstrengung vielleicht, aber immerhin – sogar (moralisch) begründen: Wir sollen nicht ein Drittel unseres Lebens verschlafen, wir sollen mehr arbeiten, Gott und unseren lieben Mitmenschen dienen und so weiter. Ein moralischer Absolutist (vor allem, wenn er selbst von Schlaflosigkeit geplagt wäre) würde sich dabei sicher einiges einfallen lassen. Und er würde mit hoher Wahrscheinlichkeit ergebene Tölpel finden, die er zusätzlich noch mit einprägsamen Slogans motivieren könnte: »Wer wenig schläft, hat mehr vom Leben«, »Langschläfer leben kürzer«, »Schlafen lässt Ihre Haut altern« und so weiter. Es ist zu vermuten, dass sogar einige medizinische Untersuchungen jenes Gebot (zumindest scheinbar) stützen würden. Nur: Es wäre für die allermeisten Menschen nicht *lebbar*. Zwar sagt man von Hitler, dass er nur zwei Stunden pro Tag geschlafen habe. Aber in seinem Fall hatte das auch verheerende Auswirkungen. Hätte er bloß den Großteil seines Lebens verschlafen, dann wäre einem großen Teil der Menschheit viel erspart geblieben.

Man sage nicht, dass dieses Beispiel zu weit hergeholt sei. Die rigorose Sexualmoral des traditionellen Katholizismus oder des islamischen Fundamentalismus funktioniert ja nicht anders. Da wird der ganzjährig und bis ins höhere Alter von Natur aus paarungsbereiten Spezies *Homo sapiens* vorgeschrieben, sich gegen ihre eigene Natur zu stellen. Ein weiteres Beispiel ist das Gebot, immer die Wahrheit zu sagen, umgekehrt also das *Lüge-Verbot*, wofür wieder Kant herhalten kann, der die Verpflichtung des Menschen zur Wahrhaftigkeit einmahnte und die Lüge als geradezu naturwidrig erachtete. Kein Wunder, dass Kant Generationen von Eltern, Lehrern und Pfarrern in ihren Forderungen nach absoluter Wahrhaftigkeit angeregt und bestärkt hat. Besonders weit aber ging der Kirchenvater Augustinus (354-430), der nicht einmal die Notlüge gegenüber Räubern und Mördern vor seiner Haustür zuließ und in letzter Konsequenz meinte, dass die Unwahrheit selbst dann nicht gesagt werden dürfe, wenn damit das ganze Menschengeschlecht zu retten wäre. Vor die Alternative gestellt, Augustinus' Forderung zu folgen oder unsere Politiker nachzuahmen, müssten wir uns wohl oder übel für die Politiker entscheiden. Denn Wahrheit, und nichts als die Wahrheit, gefährdet den Zusammenhalt unserer Gesellschaften. Lüge dagegen entspringt einer »evolutionären Logik« und dient der Selbsterhaltung. Die Wahrheit zu sagen ist zwar im Sinne der Kooperation, im Sinne des Erreichens gemeinsamer Ziele wichtig (man muss sich auf andere verlassen können), aber es ist unklug, auch gegenüber einem Feind oder Konkurrenten wahrhaftig zu sein. Manchmal gebietet uns der Anstand zu lügen. So müssen wir einer Verwandten nicht unbedingt sagen, dass wir sie als ausgesprochen hässlich empfinden. Und was würden wir von unseren Freunden halten, wenn die uns immer schonungslos *ihre* Wahrheit über uns sagen würden?! Wer über ein gewisses Maß an sozialer Kompetenz verfügt, wird sich beispielsweise auch damit zurückhalten, einem Arbeitskollegen zu sagen, was er von ihm in Wahrheit denkt (dass er nämlich ein Trottel sei) – dies ist vor allem dann nicht angebracht, wenn der Kollege sehr gute Beziehungen zum gemeinsamen Chef pflegt. Ferner kennt man den unterhaltsamen Erzähler, bei dem man zwar weiß, dass er mit seinen Geschichten übertreibt und es mit der Wahrheit nicht sehr genau nimmt, der aber schön und interessant erzählen kann und immer wieder neue und phantasievolle Varianten seiner abenteuerlichen Geschichten zu präsentieren weiß. Man wäre doch ein Spaßverderber, würde man dabei rigoros auf Wahrheit pochen. Schließlich kann eine Lüge sogar lebensrettend wirken. Jemandem, der sich leicht aufregt und schon drei Herzinfarkte hinter sich hat, sollte man im Falle von Problemen nicht die Wahrheit sagen. Lassen wir uns nochmals von Wilhelm Buschs profunder Menschenkenntnis inspirieren:

Wer möchte diesen Erdenball
Noch fernerhin betreten,
Wenn wir Bewohner überall
Die Wahrheit sagen täten.

Ihr hießet uns, wir hießen euch
Spitzbuben und Halunken,
Wir sagten uns fatales Zeug,
Noch eh wir uns betrunken.

Freilich kann durch Lügen den Belogenen auch erheblicher Schaden entstehen. Wenn ihnen etwa mit dem Versprechen von hohen Gewinnen Geld (oder im Extremfall ihr ganzes Vermögen) entlockt wird (ein heutzutage verbreitetes Phänomen). Manchmal sind die Betroffenen dabei ja Opfer ihrer eigenen Gier, aber das rechtfertigt nicht ihre Täuschung. Andererseits werden wir alle von Politikern ständig getäuscht und angelogen, was uns letzten Endes auch viel Geld kostet. Allerdings besteht zwischen den »privaten« und »politischen« Lügnern der Unterschied, dass letztere vorgeben, dem Gemeinwohl zu dienen, und nicht leicht zur Verantwortung zu ziehen sind. Glauben sollte man beiden nicht. Wer davon ausgeht, dass die Lüge ein elementarer Bestandteil des sozialen Lebens ist, wird sich nicht so leicht täuschen lassen, weder von Investmentberatern noch von Politikern. Und er wird sich auch nicht vom *Ehrenwort* beeindrucken lassen, welches – nicht zuletzt in der Politik – recht beliebt ist. Ich denke, darauf nicht näher eingehen zu müssen, weil jeder, der die eine oder andere Rede von Politikern präsent hat, Beispiele dazu kennt.

Wer von sich behauptet, dass er noch nie gelogen habe, der lügt erst recht – vor allem, wenn er schon einige Jahrzehnte seines Lebens hinter sich hat. (Wie hätte er sich mit der Wahrheit allein durchs Leben manövrieren können?!) Mit dem Verzicht auf Lüge verhält es sich ähnlich wie mit sexueller Enthaltsamkeit. Dieser Verzicht ist nicht Bestandteil unserer Natur. Nicht die Lüge ist also widernatürlich, sondern das Gebot, immer die Wahrheit sagen zu müssen.

Eine reine Pflicht-Ethik geht grundsätzlich an der Tatsache vorbei, dass das menschliche Handeln von vielen äußeren Faktoren beeinflusst wird, auf die es im Sinne der Bewältigung des eigenen Lebens zu reagieren gilt. Keiner von uns lebt im luftleeren Raum, wir alle sind von Menschen umgeben, die irgendetwas wollen – was allerdings nicht immer unseren eigenen Wünschen entspricht. Jemand, der zwar durchaus bereit ist, moralischen Prinzipien zu folgen, sich aber fortgesetzt hintergangen und ausgenutzt fühlt, wird – im Interesse seiner eigenen Gesundheit – irgendwann seinerseits jene Prinzipien aufgeben oder zumindest auf ein Minimum zurechtstutzen.

Moralapostel und Politiker wiederum sind anscheinend der Meinung, dass man das menschliche Verhalten verändern könne. Das entspricht der tief in unserer Geistesgeschichte verwurzelten Überzeugung, dass der einzelne Mensch und letztlich die ganze Menschheit erziehbar sei. In gewissem Sinne stimmt das, und – gegebene Rahmenbedingungen vorausgesetzt – ist der Mensch sogar in erschreckendem Maße *erziehbar*, das heißt *manipulierbar*. Geschichte und Gegenwart liefern dafür genügend Beispiele. Ich will hier nicht näher darauf eingehen, dass der – ideologisch motivierte – Wunsch nach Verhaltensänderung in der Regel nichts weiter ist als der Wunsch einiger weniger, die ihre Machtansprüche durchsetzen wollen und zu diesem Zweck moralische oder bloß pseudomoralische Argumente vorschieben (siehe letztes Kapitel). Jedoch ist ausdrücklich darauf hinzuweisen, dass viele politische Programme keinerlei Rücksicht darauf nehmen, wie Menschen, ihrer stammesgeschichtlich erworbenen biosozialen Neigungen wegen, eigentlich ticken. Zu erwähnen ist hier zum Beispiel der *Besiztumseffekt*. Was Menschen als ihr eigenes Hab und Gut betrachten, wollen sie im Allgemeinen nicht einfach hergeben, weil sie es relativ hoch einstufen. Es ist leichter, auf etwas zu verzichten, das man gern hätte, aber nicht hat, als sich von dem zu trennen, was man bereits angesammelt hat. Das ist durchaus auch auf Lebensgewohnheiten zu übertragen. Liebgewonnene Gewohnheiten aufzugeben, fällt keinem von uns wirklich leicht. Derzeit haben politisch verordnete Sparprogramme Konjunktur. Ich verstehe alle Menschen (ob in Griechenland oder anderswo), die Ausdrücke oder Wendungen wie »Sparprogramm«, »Sparpaket«, »Sparkurs«, »Gürtel enger schnallen« und so weiter nicht mehr hören können (mir geht es dabei genauso). Die Perfidie besteht ja darin. dass solche Parolen stets von Leuten ausgegeben werden, die erstens für die ökonomische Misere mitverantwortlich sind und zweitens ihre hohen Gehälter auf jeden Fall weiterbeziehen. Nebenbei gesagt kann ja zu viel Sparen auf Kurz oder Lang gesamtwirtschaftlich ohnehin keine günstige Auswirkung haben. Denn wenn jeder sich in seinem Konsum einschränkt, sich kaum noch etwas gönnt, dann brechen ökonomische Strukturen erst recht zusammen.

Dem, der irgendetwas mit der Führung von Menschen zu tun hat – ob als Politiker, Firmenmanager oder Pädagoge –, sei also ins Stammbuch geschrieben: *Verlange nicht einfach ein Sollen, sondern frage zuerst nach dem Können.*

MORAL JA, ABER ICH WILL ETWAS DAFÜR HABEN

Was kostet Moral? Diese Frage klingt blasphemisch in den Ohren all jener, die meinen, dass Moral, Sittlichkeit an und für sich Priorität in unserem Leben habe. Kant hätte gewiss eine solche Frage niemals gestellt. Aber wer kann noch ernsthaft leugnen, dass das in Kapitel 1 besprochene Prinzip der Gegenseitigkeit, das weit in unsere Evolution zurückreicht und auch tierische Sozietäten zusammenhält, die Quelle jedes Handelns ist, das wir als moralisch bezeichnen?! Naturalistisch orientierte Philosophen haben Moral immer realistischer gesehen als alle Idealisten, die sich auf »höhere Werte« und dergleichen berufen haben (und noch immer berufen). Ich erwähne nur einen von ihnen, den Arzt und Philosophen Ludwig Büchner (1824-1899), der im Kapitel »Die Moral« seines Buches *Der Mensch* Folgendes schrieb:

Das einzig richtige und haltbare Moralprinzip beruht am Verhältnis der Gegenseitigkeit. Es gibt daher keine bessere Richtschnur für moralisches Verhalten, als den alten und wohlbekannten Spruch:»Was Du nicht willst, daß man Dir thu', das füg' auch keinem Andern zu«. Ergänzt man diesen Spruch durch den weiteren:»Was Du willst, daß man Dir thue, das thue auch Andern« – so hat man den ganzen Codex der Tugend- und Sittenlehre in der Hand, und zwar besser und einfacher, als die dickleibigen Handbücher der Ethik oder die Quintessenz aller Religionssysteme der Welt ihn uns liefern könnten« (1872, S. 236).

Die beste Begründung moralischen Verhaltens ist tatsächlich das Prinzip der Gegenseitigkeit. Wir Menschen sind, unserer biosozialen Ausstattung gemäß, am ehesten bereit, uns den jeweils geltenden moralischen Vorgaben entsprechend zu verhalten, wenn wir unsererseits ein Plus verbuchen können. Das scheint man auch bei der Deutschen Bahn begriffen zu haben.»Bitte verlassen Sie diesen Ort so, wie Sie ihn vorfinden möchten« – so lauten die Inschriften auf den Toilettentüren der ICE-Züge. Also, keine Gebote oder Verbote, sondern nur der Appell, jenen Ort, den man während einer längeren Bahnfahrt zwangsweise aufsucht, deshalb rein zu halten, weil man ihn bei der Verrichtung eigener Geschäfte auch rein haben will.

Kant, so moralisierend er auch aufgetreten ist, traf mit seinem *Kategorischen Imperativ* die Sache anscheinend auf den Punkt: Man soll so handeln, dass die Maxime des eigenen Willens jederzeit als Grundlage einer allgemeinen Gesetzgebung gelten könnte. Im Allgemeinen kann man diesem Imperativ viel abgewinnen, im Detail aber stellt er uns vor einige Probleme. Wie soll ich wissen, ob mein Handeln als Grundlage »einer allgemeinen Gesetzgebung« dienen kann? Orientiert sich die Gesetzgebung überhaupt an meinem Handeln? Und wenn ich so handle, dass ich andere Menschen betrüge oder verletze – kann ich wünschen, dass dies in die allgemeine Gesetzgebung eingeht? Im Übrigen kümmern sich Gesetzgeber ohnehin nicht unbedingt um meine Wünsche, sondern beschließen oft irgendwelche Gesetze, weil es ihnen einfach opportun erscheint. Man schlage in Gesetzbüchern nach. Was da so alles auf höchst komplexe und für die allermeisten Menschen völlig unverständliche Weise geregelt ist! Man wundert sich manchmal, dass bei aller Überregulierung noch nicht alle spontanen und kreativen Antriebe erstickt wurden und Menschen nach wie vor vieles ihren eigenen Wünschen entsprechend realisieren.

Es entspricht einer empirischen Tatsache, dass Menschen Moralprinzipien – oder auch Gesetze – umso eher befolgen, je mehr diese mit ihren biologisch geformten Verhaltensneigungen ohnehin übereinstimmen. So kommt es auch nicht überraschend, dass bestimmte Gebote und/oder Verbote von Menschen kaum befolgt werden. Man denke noch einmal an die Sexualmoral. Einer weiteren empirischen Tatsache entspricht es, dass Menschen für ihr Handeln irgendeine Form der Belohnung wünschen (siehe Kapitel 1, 2). Mit Studenten habe ich gelegentlich in Seminaren folgendes kleine Gedankenexperiment durchgeführt. Sie finden ein Portemonnaie mit 10.000 Euro, können sicher sein, dass Sie niemand dabei beobachtet hat, und wissen nicht, wem das Geld gehört (im Portemonnaie findet sich nichts, was auf seinen Besitzer hindeutet). Was werden Sie tun? Das Geld behalten? Oder es im nächsten Fundbüro beziehungsweise in der nächst gelegenen Polizeiwachstube abgeben? Ich bin nicht sicher, ob alle Studenten ehrlich geantwortet haben. Aber ihre Antworten verdienen Aufmerksamkeit. Die lauteten zum Beispiel folgendermaßen:»Ich würde das Geld abgeben, weil ich dann ein ruhigeres Gewissen hätte.«»Ich würde das Geld abgeben, weil ich auf diese Weise eine gute Tat begehen würde und obendrein noch zehn Prozent Finderlohn kassieren dürfte.«»Ich würde das Geld behalten, aber nur, wenn ich wirklich sicher wäre, dass ich unbeobachtet geblieben bin.«»Ich würde das Geld behalten, weil jemand, der 10.000 Euro in der Tasche hat, sicher kein armer Mensch ist.«»Es käme darauf an, wie dringend ich selbst Geld bräuchte.« Keiner der Studenten hat argumentiert, dass man fremdes Eigentum grundsätzlich nicht behalten dürfe. Und jeder, der meinte, dass er das Geld abgeben würde, verwies auf irgendein Plus auf seiner Seite, zumindest ein gutes Gewissen.

Die Resultate dieses Gedankenexperiments sind natürlich sehr punktuell, aber meines Erachtens doch einigermaßen repräsentativ. Dass die Wahrscheinlichkeit, irgendwo 10.000 Euro zu finden, für keinen von uns sehr realistisch ist, tut dabei nichts zur Sache. Vielmehr geht es darum, mit welchen Verhaltensneigungen wir – für den Fall des Falles – hier ausgestattet sind. Wenn es für moralisch richtiges Handeln gar nichts gibt, dann werden die meisten von uns früher oder später darauf verzichten. Eine Motivation zu moralischem Handeln sind immer wieder die Wünsche anderer. Wir alle sind ja täglich damit konfrontiert, dass irgendjemand von uns etwas will. Viele der Erwartungen, die andere Menschen in uns setzen, können wir auch mühelos erfüllen. Weil die dabei erforderlichen Aktivitäten so geringfügig sind, dass sie uns praktisch nichts kosten, oder weil wir selbst eine gewisse Befriedigung dabei verspüren, wenn wir einem anderen einen guten Dienst erwiesen haben (oder beides zugleich). Aber unsere Bereitschaft, dem Wollen anderer Genüge zu tun, stößt auf Grenzen, vor allem dann, wenn mehrere Menschen gleichzeitig Verschiedenes von uns erwarten. Wenn der Sohn von Herrn Berger erwartet, dass ihm sein Vater bei den Schularbeiten hilft, Frau Berger wünscht, dass ihr Mann sie beim Einkaufen begleitet, ein Freund von Herrn Berger diesen dringend um eine Aussprache bittet (und das alles gleichzeitig), dann braucht Herr Berger starke Nerven und muss Prioritäten setzen. Die meisten von uns können seine Situation nachvollziehen, weil sie sich selbst gelegentlich in einer ähnlichen Lage befinden. Man kann es bekanntlich nie allen recht machen, und je älter man wird, desto größer wird die Zahl der Leute, die man irgendwann enttäuscht hat. Freilich besteht eine gewisse Chance, dass mit unserem zunehmenden Alter auch die Zahl jener Leute steigt, denen man Freude bereitet hat.

Moralische Ansprüche, nach den jeweils gängigen Standards, kann der Einzelne jedenfalls in nur begrenztem Rahmen erfüllen. Daher gehört es zu den Alltäglichkeiten des Lebens, dass sich ein Mensch in einer Situation durchaus moralisch verhält, in einer anderen aber nicht. So wie mancher Mensch, der stets um die Erfüllung moralischer Prinzipien bemüht ist, gelegentlich moralisch entgleist, so hat mancher Schwerverbrecher ab und an auch eine gute Tat begangen. Von ausgesprochen pathologischen Fällen abgesehen, dürfte es nur wenige Menschen geben, die in sämtlichen ihrer sozialen Beziehungen grundsätzlich einem Amoralismus huldigen. Da nun ja niemand im luftleeren (sozialen) Raum aufwächst, spielt für das eigene moralische oder unmoralische Verhalten selbstverständlich auch die Umgebung ihre Rolle (ich darf auf mein Beispiel auf S. 71 erinnern). Wer das Glück hat, früh und fortgesetzt zu erfahren, dass sich moralisches Handeln auszahlt (und damit auch nicht überfordert wird!), wird daher auch kaum zu einem Amoralismus neigen. Aber wir müssen auch den umgekehrten Fall in Betracht ziehen.

MORAL NEIN, WENN AUCH ANDERE UNMORALISCH SIND

Otto S., seit kurzem leitender Angestellter eines aufstrebenden Betriebs im Bereich der Kommunikationstechnologie, verrät seinem neuen Chef gelegentlich das eine oder andere Betriebsgeheimnis seiner früheren Firma. Er weiß, dass er sich damit strafbar macht. Aber er will sich die ihm schon kurz nach Unterzeichnung seines Arbeitsvertrags in Aussicht gestellte Gewinnbeteiligung auf jeden Fall sichern. Seine zweite Ehefrau ist sehr anspruchsvoll und an seine erste hat er Unterhaltszahlungen zu leisten; ein wenig vom guten Leben, wenn schon nicht Luxus, will er sich selbst schließlich auch gönnen. Außerdem hat er mit seinem früheren Arbeitgeber, einem miesen Typen, der ihn ausgenutzt und gedemütigt hatte, noch eine Rechnung zu begleichen.

Um die Moral und das Rechtsverständnis des Herrn S. ist es offenbar nicht sehr gut bestellt. Dennoch repräsentiert er einen moralischen Durchschnittsmenschen. Er will sich und seiner Ehefrau Vorteile verschaffen und hilft mit dem Verrat von Betriebsgeheimnissen seinem neuen Arbeitgeber – wovon er sich eben jene Vorteile erhofft. Die Nachteile, die seiner früheren Firma aus seinem Handeln daraus möglicherweise (oder wahrscheinlich) erwachsen werden, nimmt er bewusst in Kauf, will er doch auch seine Rachegelüste befriedigt wissen. Natürlich hofft er, dass er für seine Machenschaften nie zur Verantwortung gezogen wird. Aber hat Herr S. überhaupt eine Wahl? Kann er überhaupt anders handeln? Moral predigen ist ja leicht, aber nur der, der frei ist von jeder Schuld, werfe den ersten Stein.

Wie moralisch oder unmoralisch jemand handelt, wird nicht unmaßgeblich auch vom Handeln seiner Mitmenschen beeinflusst, keineswegs nur von Vorbildern aus seiner Kindheit. Die Rahmenbedingungen unserer heutigen Wirtschaftsbeziehungsweise Arbeitswelt sind nicht dazu angetan, Moral zu fördern. Konzerne lagern ihre Betriebe aus, um bei größtmöglichen Gewinnen billig produzieren zu können. Sie setzen Menschen zu Tausenden auf die Straße, während ihre Spitzenmanager exorbitante Gehälter und Prämien kassieren. Worte wie »Rationalisierung« und »Gesundschrumpfung« (ein weiteres Unwort!) sollen dabei den Umstand verdecken, dass viele Existenzen ruiniert werden. Auch in unseren wirtschaftlich prosperierenden Ländern öffnet sich die Schere zwischen Arm und Reich immer mehr. Unter solchen Rahmenbedingungen darf es niemanden wundern, wenn unser fiktiver Otto S. – der natürlich in der Wirklichkeit in vielen Spielarten vorkommt – nicht auf der Strecke bleiben, sondern mit einem Minimum an Aufwand und Rücksichtnahme einen seinen Möglichkeiten entsprechenden maximalen Profit einstreifen möchte. Schließlich lebt er, wie jeder andere, nur einmal. Es kommt nicht von ungefähr, dass diejenigen, die einen moralischen Absolutismus durchsetzen wollen,»ewiges Leben« versprechen. Der, der weiß, dass er nur dieses eine Leben hat, wird sich mit völligem Verzicht und der Nichterfüllung seiner Wünsche natürlich etwas schwerer tun.

In den heutigen Industriegesellschaften werden in praktisch allen Lebensbereichen Leistung und Effizienz gefordert. »Evaluation« und »Ranking« sind ständige Begleiter unserer Arbeitswelt geworden, Qualität wird auf Quantität reduziert, der Druck auf den Einzelnen wächst. Das gilt nicht nur für den Bereich der Wirtschaft im engeren Sinn. Denn »ökonomische Effizienz« greift längst in alle anderen Berufswelten ein, nicht zuletzt in die *Wissenschaft*. Die Wissenschaft galt lange Zeit als eine Art Rückzugsgebiet für all jene, die nichts weiter wollten, als Erkenntnisse zu gewinnen. Dass Wissenschaftler zu allen Zeiten natürlich auch vom persönlichen Ehrgeiz getrieben wurden und nicht leidenschaftslos bloß der »Wahrheit« verpflichtet waren, sollte einleuchten. Die Wissenschaftsgeschichte bietet dafür manches prominente Beispiel, worauf hier einzugehen allerdings verzichtet werden soll. Aber der Druck, dem Wissenschaftler heute zunehmend ausgesetzt sind, ist doch ein ziemlich neues Phänomen. Vor allem geht es zunehmend um Geld, womit die Produktion von neuen Ergebnissen gleichsam auf dem Fließband erzwungen wird. Der deutsche Chirurg Hans Troidl hat in einem umfassenden Aufsatz in einer medizinischen Zeitschrift – deren Erscheinen inzwischen allerdings (aus Kostengründen!) eingestellt wurde – dazu Klartext gesprochen. Ein wissenschaftliches Institut wird danach bewertet, wie viele Räumlichkeiten es enthält, wie viele Mitarbeiter in ihm beschäftigt werden, wie viele Computer verfügbar sind, wie viel an Fördergeldern der Institutschef eintreiben kann und wie viele Ergebnisse erzielt werden. Der Institutschef hat eigentlich immer den Strick um den Hals. Um diesen zu lockern und die Maschinerie seines Instituts am Laufen zu halten, muss er sich mit Geldgebern arrangieren, die aber (ihnen genehme) Forschungsresultate sehen wollen. So bewegen sich die Mitarbeiter mancher wissenschaftlicher Institute heute auf einem schmalen Grat, der ihnen individuelle Kreativität und qualitativ hochrangige Forschung kaum noch erlaubt. Denn noch während ein finanziertes Forschungsprojekt läuft, müssen sie schon um die Genehmigung weiterer Gelder zittern. Schließlich geht es dabei nicht zuletzt um ihre eigene materielle Existenz.

Dass eine solche Situation Nachlässigkeit, Fahrlässigkeit und letzten Endes den Wissenschaftsbetrug fördert, sollte keiner eigenen Ausführungen bedürfen. Selbstverständlich hat es auch in der Geschichte Manipulationen beziehungsweise Fälschungen wissenschaftlicher Ergebnisse sowie Plagiate immer wieder gegeben. Aber die heutige Situation ist nicht mit der in früheren Zeiten zu vergleichen. (Die »früheren Zeiten« enden dabei, meiner Einschätzung zufolge, spätestens in den 1970er- und 1980er-Jahren.) Heute braucht man sensationelle Ergebnisse um jeden Preis. Selbst angesehenste wissenschaftliche Zeitschriften sind, um in der Konkurrenz im Blätterwald zu bestehen, um Sensationsmeldungen bemüht. Dabei wird oft genug das Rad neu erfunden. Erkenntnisse, die schon vor Jahrzehnten verfügbar waren, werden plötzlich als neu verkauft. Man kann sich im Allgemeinen darauf verlassen, dass inzwischen die historische Kontinuität verlorenging, dass vor zehn oder zwanzig Jahren erschienene Veröffentlichungen von den meisten Leuten, selbst innerhalb ihres eigenen engen Fachgebiets, nicht mehr wahrgenommen werden. Somit kann sich auch mancher mittelmäßig begabte »Jungforscher« über eine »neue« Entdeckung freuen, die ein paar Tage lang sogar das Interesse der Massenmedien erweckt – um ebenso schnell wieder der Vergessenheit anheimzufallen. Das erleichtert Betrug und Plagiate. Ein zusätzliches Problem heute ist die ungeheure Informationsfülle, die niemand mehr bewältigen kann. Es wird immer schwieriger, wertvolle von wertloser Information zu unterscheiden, was wiederum dazu führt, dass Information inflationär produziert und in Umlauf gesetzt wird. Der Wiener Wissenschaftstheoretiker Erhard Oeser fand schon vor über zwanzig Jahren in seinem Buch *Das Abenteuer der kollektiven Vernunft* klare Worte dafür: »Kloaken der Vernunft«, »seichte Kanäle«, »Wegwerftheorien«. Ergebnisse müssen möglichst schnell gewonnen werden, und wenn sie nichts Neues bringen, verkauft man sie halt als neu (siehe oben). Vor allem auf Gebieten wie Genetik, Gentechnik und Medizin, wo die Forschung auch hohe Geldsummen verschlingt, erwartet man Ergebnisse, die ihrerseits schnell wieder zu Geld gemacht werden sollen. Die Verlockung, sich unlauterer Methoden beim Erkenntnisgewinn zu bedienen, ist daher derzeit sicher größer als in früheren Jahrzehnten und Jahrhunderten. Ein Beispiel aus neuerer Zeit ist der südkoreanische Zellforscher Hwang Woo Suk, der – entgegen seinen Behauptungen – niemals menschliche

Stammzellen geklont und maßgeschneiderte Stammzellen hergestellt hat. Wissenschaftsbetrug wird nicht ausschließlich von Leuten begangen, die persönlich materiell unter Druck stehen, sondern auch von Personen, die des Ruhms wegen, möglichst schnell und ohne Umschweife ans Ziel kommen wollen. Sie erinnern dabei an jene Schüler, die kapieren, dass eine »Eins« in Mathematik unter Umständen auch dann erzielt werden kann, wenn man vom Nachbarn, der sich besser auskennt, einfach abschreibt.

Um nicht missverstanden zu werden, möchte ich festhalten, dass Fälschungen und Betrügereien in der Wissenschaft gewiss nicht häufiger vorkommen als in anderen Lebensbereichen. Das *wissenschaftliche Ethos* funktioniert sogar nach wie vor recht gut. Würde man in Politik und Wirtschaft ein ähnliches Ethos praktizieren, sähe es in unserer Welt besser aus. Denn Erkenntnisse zu gewinnen, ist ein elementarer Antrieb jedes »guten« Wissenschaftlers. Wenn man Erkenntnisse einfach nur vorschwindelt, macht das doch keinen Spaß. Im Allgemeinen jedenfalls ist das so. Das wissenschaftliche Ethos läuft aber derzeit deshalb Gefahr, erschüttert zu werden, weil Wissenschaft – zumindest in vielen ihrer Teilbereiche (vor allem in den Naturwissenschaften) – auf fatale Weise mit der Wirtschaft verknüpft beziehungsweise von dieser abhängig gemacht wird. Und in der Wirtschaft herrscht bekanntlich der Mythos, dass sie unbegrenzt wachsen kann (und mithin auch unbegrenzt wachsen *muss*.) Inwieweit in dieser Welt »unbegrenztes Wachstum« tatsächlich möglich ist, ist eine andere Frage; aber Anhänger von Mythen brauchen auf die Realität bekanntlich keine Rücksicht zu nehmen. Davon bleibt die Wissenschaft nicht mehr unberührt. Je stärker der Einfluss, den die Wirtschaft auf die Wissenschaft nimmt, um so größer die Gefahr, dass diese korrumpiert wird oder sich einzelne Wissenschaftler korrumpieren lassen. Bleibt die Frage: Was haben wir denn von erschwindelten Erkenntnissen, die eben gar keine sind? Aber diese Frage stellt sich der, der auf möglichst schnelle Weise vorankommen will, natürlich nicht.

Grenzenlosigkeit erwartet man auch im Sport. Jeder einmal erreichte Rekord – ob beim Schwimmen, beim Radfahren, beim Langlauf oder wo auch immer – *muss* durchbrochen werden. Vor allem der Spitzensport folgt einer bemerkenswerten Logik: Das jeweilige Ziel muss unter allen Umständen erreicht werden, und jeder, der mitrennen, mitfahren, mitspringen, mitwerfen oder mitschwimmen darf, muss bestrebt sein, es auf jeden Fall vor allen anderen zu erreichen. Erstens soll er also seine Mitbewerber übertrumpfen, zweitens erwarten diejenigen, die an Sportereignissen nur vor dem Fernsehschirm teilnehmen, Rekorde – und das Überbieten von Rekorden. Damit natürliche Leistungsgrenzen keinen Strich durch die Rechnung machen, wird nachgeholfen; mit künstlichen Mitteln, die einer möglichen (oder wahrscheinlichen) vorzeitigen Ermattung des Körpers vorbeugen. Auf diese Weise wird eine unbegrenzte anatomische beziehungsweise physiologische Leistungssteigerung vorgegaukelt und der Eindruck erweckt, dass (sportlichen) Höchstleistungen prinzipiell keine Grenzen gesetzt sind. Es ist wohl unschwer zu erkennen, dass ich hier das Problem *Doping* im Sport vor Augen habe. Glaubt man verschiedenen Medienberichten und persönlichen Bekenntnissen von Spitzensportlern, dann sind viele Sportlerkarrieren identisch mit Dopingkarrieren. Das mag diejenigen erschüttern, die der Meinung huldigen, dass im Sport nur fairer Wettbewerb zählt (oder zählen sollte) und die »wirkliche« Leistung ohne künstliche Hilfsmittel sehen wollen. Doch sollte sich jeder, der sich über Doping im Spitzensport aufregt, einmal fragen, warum denn unsere Gesellschaft einen immer größeren Leistungsdruck auf den Einzelnen ausübt. Wie die Wissenschaft, so gerät auch der Sport zunehmend in die Krallen der Wirtschaft. Da wie dort müssen daher Leistungen um jeden Preis erzielt werden.

Das Streben nach Höchstleistungen und Rekorden ist eine menschliche Eigenschaft, von Natur aus sind wir dazu angelegt, uns mit anderen zu messen. *Wettbewerb* ist ein Bestandteil unseres Lebens und moralisch völlig neutral zu beurteilen. Sind aber die gesellschaftlichen Rahmenbedingungen so gesteckt, dass der Einzelne gezwungen wird, vorgegebene – mitunter auch durchaus unrealistische – Leistungen zu vollbringen, dann sind unmoralischen Handlungsweisen Tür und Tor geöffnet. Die Perfidie besteht darin, dass einerseits gesellschaftliche Normen und Werte wie Fairness (zum Beispiel in der Wissenschaft und im Sport) vorgegeben werden, andererseits aber die gesellschaftliche Erwartung (zum Beispiel in den Wissenschaftler oder Sportler) über das hinausgeht, was im Rahmen jener Normen und Werte realistisch geleistet werden kann. Das ist eine Einladung zu unmoralischem Handeln, und es sollte überhaupt nicht überraschen, dass der Einzelne, vor entsprechende Herausforderungen gestellt, sich fragt, warum er denn auf moralischem Wege ans Ziel zu kommen bestrebt sein sollte, wenn es auch anders geht. (»Moralisch« ist dabei alles, worauf man sich in einer gegebenen Gesellschaft geeinigt hat.) »Wettbewerbsfähigkeit« ist heute ein Schlagwort in Politik und Wirtschaft, von wo es auf alle anderen Lebensbereiche übergreift, zum Beispiel auf die akademische Lehre und Ausbildung. In regelmäßigen Abständen werden Universitäten einem »Ranking« unterzogen, dessen Kriterien eigentlich willkürlich gesetzt sind und jederzeit verändert werden können. Letzten Endes wird das »Ranking« selbst zu einem Wettbewerb und wird sich wohl irgendwann (hoffentlich bald) von sich aus ad absurdum führen. Die Befriedigung, die jemand – ob im akademischen Bereich oder sonst wo – empfindet, wenn er aus eigenem Antrieb bestimmte Leistungen vollbracht hat, wird auf diese Weise jedenfalls unterdrückt. Vielmehr werden Leistungen im Vorhinein vereinbart. Das funktioniert zwar recht gut, wenn man einen Installateur beauftragt, ein löchriges Wasserleitungsrohr zu reparieren, erweist sich aber im Falle wissenschaftlicher Leistungen als kontraproduktiv. Aber das wäre schon ein anderes Thema.

MORAL NACH VEREINBARUNG?

Moral und Ethik haben Konjunktur; das ist kaum noch zu übersehen. In den vergangenen Jahrzehnten wurden zahlreiche ethische Spezialdisziplinen etabliert, die sich mit moralischen Fragen in speziellen Lebensbereichen beschäftigen. Zu erwähnen sind nur beispielsweise die *Wirtschaftsethik* und die *medizinische Ethik*. Sowohl in der Wirtschaft als auch in der Medizin reichen ethische Diskussionen in der Geschichte weit zurück. Die Medizin kennt das wohl älteste Berufsethos überhaupt, niedergelegt im beinahe 2500 Jahre alten *Hippo-*

kratischen Eid. Demnach ist der Zweck jedes ärztlichen Handelns die Ermöglichung eines sinnvollen Lebens und sinnvoller Daseinsgestaltung. Ärztliches Handeln dient ausschließlich dem Leben und seiner Erhaltung, der Arzt widmet sein Leben der Heilkunst.

Diese moralischen Imperative stoßen an Grenzen. Ein Arzt sieht sich immer wieder vor die Situation gestellt, dass er einem Patienten *kein* sinnvolles Leben ermöglichen kann und Leben nicht zu erhalten vermag. Und in vielen Fällen bedeutet die Möglichkeit einer Lebensverlängerung nichts weiter als eine Leidensverlängerung. Das Prinzip der »Heiligkeit des Lebens« wirkt zum Beispiel in Deutschland und in Österreich auf die Gesetzgebung ein, die *Sterbehilfe* verbietet und unter Strafe stellt. Wohl ist das Problem gerade in diesen beiden Ländern historisch belastet, aber man sollte sich grundsätzlich einmal vergegenwärtigen, dass Sterbehilfe, wie sie heute von Ethikern kritisch diskutiert und (von vielen von ihnen) befürwortet wird, nichts zu tun hat mit den kriminellen Euthanasie-Programmen des Dritten Reiches. Patienten im Dauerkoma, alte Menschen, die vollständig auf die Hilfe anderer angewiesen sind, über keine Lebensperspektive mehr verfügen (denen auch kein Arzt mehr irgendeine Lebensperspektive vermitteln kann), oder unheilbar Kranke mit unerträglichen Schmerzen, die nur noch den Tod herbeisehnen – Menschen, die also, einfach gesagt, vom Leben gar nichts mehr haben, zwangsweise am Leben zu lassen, sollte doch nicht moralischer sein, als ihnen Sterbehilfe zu leisten. Diejenigen, die zum Beispiel auf der Basis christlicher Wertvorstellungen – nach dem Motto »Gott hat es gegeben, nur Gott darf es wieder nehmen« – prinzipiell jede Form der Sterbehilfe ablehnen, müssen sich die Frage gefallen lassen, wie viel an Leiden sie einem Menschen (aus moralischen Gründen) zumuten. Wer gleichzeitig meint, ein krankes oder schwer verletztes Pferd nicht leiden lassen zu dürfen und einschläfern zu müssen, sollte sich auch mit der Frage konfrontieren, warum einem Menschen unsägliches Leid zugemutet werden darf. Sonst muss er sich den Vorwurf gefallen lassen, dass er eine Moral nach Vereinbarung vertritt, das heißt eine Doppelmoral.

Der Mensch will im Allgemeinen natürlich ein langes Leben bei guter Verfassung, und wenn sich das aus irgendwelchen Gründen nicht so recht einrichten lässt, soll die Medizin helfen. Dieser Wunsch ist legitim, die Aufgabe der Medizin besteht ja darin, Krankheiten zu lindern und – wann immer möglich – auch zu heilen. Wenn von Medizinern dabei aber auch noch moralische Spitzenleistungen erwartet werden, ist das nicht mehr so einfach. Jeder gute Arzt fühlt sich nach wie vor dem Hippokratischen Eid verpflichtet, aber dieser stößt eben auch an seine Grenzen. Mittlerweile gibt es *Ethik-Kommissionen*, die darüber befinden sollen, was in der Medizin moralisch richtig oder falsch ist. Ich möchte die Berechtigung solcher Kommissionen keineswegs in Frage stellen, erlaube mir aber die Bemerkung, dass die Bildung von Kommissionen grundsätzliche Probleme nicht aus der Welt schaffen kann. Für manches medizinische Grenzproblem gibt es keine allgemein verbindliche ethische Lösung!

Der Notarzt, der mitten in der Nacht einen schwerverletzten Patienten versorgen muss, hat binnen Minuten oder gar Sekunden Entscheidungen zu treffen, die ihm kein Ethiker abnehmen kann. Der Chirurg, der weiß, dass ein Patient durch einen komplizierten operativen Eingriff zumindest mittelfristig gerettet werden könnte, der aber auch das Risiko des fraglichen Eingriffs kennt, sieht sich vor eine Entscheidung gestellt, die er letztlich selbst zu verantworten hat, wobei er unweigerlich in ein moralisches und menschliches Dilemma geraten kann. Stirbt der Patient während der Operation, dann sieht sich der Chirurg unter Umständen mit dem Vorwurf der Fahrlässigkeit konfrontiert. Führt er aber die Operation erst gar nicht durch und stirbt der Patient später, bleibt ihm derselbe Vorwurf auch nicht erspart (nur kommt er halt zeitverschoben). Viele Entscheidungen werden heute dem Patienten selbst überlassen, der unter Umständen – auf eigene Gefahr – auch eine Behandlung ablehnen darf. Das ist in Ordnung so. Niemand darf gezwungen werden, eine medizinische Behandlung über sich ergehen zu lassen. Solange er sich dem Hippokratischen Eid verpflichtet fühlt, kann andererseits ein Arzt, der meint, einen Patienten retten zu können, diesen auch nicht einfach mit den Worten ziehen lassen:»Machen Sie, was Sie wollen.«

Jede Moral ist so gut oder so schlecht wie die Gesellschaft, von der sie getragen und eingemahnt wird. In den westlichen Demokratien befinden wir uns heute in einer besonders merkwürdigen Lage. Je mehr Rechte und Entwicklungsmöglichkeiten dem Einzelnen vorgespielt werden, desto mehr wird er seiner Individualität beraubt. Je höher die Sicherheit, die jeder für sein Leben (am Arbeitsplatz, in der Freizeit, im Straßenverkehr) einmahnen darf, desto höher der Grad seiner Entmündigung. So herrscht zum Beispiel in den Personenzügen der Deutschen und Österreichischen Bahn seit zwei Jahren ein Rauchverbot – womit vor allem das Zugpersonal vor Passivrauch geschützt werden soll. Bei längeren Bahnfahrten kann man jedoch wiederholt beobachten, dass bei mehrminütigen Aufenthalten ihres Zugs an einem Bahnhof nicht zuletzt Vertreter eben des Zugpersonals auf den Bahnsteig hinauseilen, um schnell eine Zigarette zu rauchen. Nun sind sie also einerseits geschützt, andererseits muss bei jeder ausgedehnten Bahnfahrt ihr Stresspegel einen bemerkenswert hohen Stand erreichen, was ihrer Gesundheit ja auch nicht zuträglich sein dürfte. (Die Pfeifenraucher unter ihnen will man offenbar prinzipiell ausrotten. Auf das »lange Stück Philosophie«, das Kant zwischen Mund und Pfeifenkopf geortet haben soll, müssen sie jedenfalls verzichten.)

Es hat also, alles in allem, den Anschein, dass über Moral, über moralisch richtiges oder falsches Handeln, Vereinbarungen getroffen werden können. Wenn *alle* jeweils Beteiligten damit auch einverstanden wären, könnte man dagegen kaum etwas einwenden. Aber dem ist bei aller Regel nicht so; was moralisch richtig oder falsch ist, darüber entscheiden jeweils nur einige wenige. Jeder von uns wird heute zwar geradezu überhäuft mit Appellen an sein Verantwortungsbewusstsein keineswegs allein für seinen sozialen Nahbereich, sondern auch – und weit darüber hinaus – für gesamtgesellschaftliche Zustände, den Weltfrieden, das globale Klima und so weiter, doch wird ihm seine Verantwortung gleichzeitig von den Regierenden abgenommen, die ihre eigenen »Kleingruppen« bilden und Vereinbarungen über Moral und Unmoral treffen. Wie der bereits auf S. 80 zitierte Philosoph Werner Becker meinte:

In Wahrheit ist es jedoch nichts weiter als eine Stammtisch-Perspektive, die uns in der gehobenen Sprechweise der Ethik angedient wird, einer Sprechweise, die ihren verführerischen Charakter besonders in Demokratien entfaltet, wo der Bürger ohnehin täglich mit der Illusion konfrontiert ist, er sei der wirkliche Souverän« (1989, S. 200).

Da aber Illusionen ein nicht unwesentlicher Bestandteil der menschlichen Psychostruktur sind, ist auch diese Illusion im Wunschdenken vieler Menschen relativ leicht zu verankern.

Allerdings bliebe dem Einzelnen manches an Enttäuschungen erspart, würde er, statt sich der Illusion hinzugeben, der Souverän zu sein, die Absichten all jener durchschauen, die ihm diese Illusion einpflanzen.

5. CHANCEN DES »GUTEN« IN UNSERER WELT

Eigenliebe hat nichts mit Ruchlosigkeit zu tun, sie ist
ein allen Menschen natürlich innewohnendes Gefühl.
FRANÇOIS M. VOLTAIRE

Lebe der Mensch kurz oder lang, in diesem oder jenem
Stande: er soll seine Existenz genießen und das Beste
davon andern mitteilen; dazu soll ihm die Gesellschaft,
zu der er sich vereinigt hat, helfen.
JOHANN GOTTFRIED HERDER

Zu viel Moral vertragen wir also nicht, und vor allem müssen wir erkennen, dass sich vieles, was an moralischen Forderungen schon erhoben wurde, gleichsam von selbst aufhebt beziehungsweise – was auf dasselbe hinausläuft – in Doppelmoral auflöst. Hüten wir uns also vor denen, die das Gute predigen; und insbesondere vor all jenen, die es um jeden Preis durchsetzen wollen. Es ist eine simple biologische (biopsychologische) Tatsache, dass Menschen, die zu wissen glauben, was gut oder schlecht ist, damit auch sozusagen hausieren gehen. Das wäre auszuhalten, doch gelingt es manchem, Massen zu mobilisieren, Andersdenkende nicht nur zu diskriminieren, sondern auch – mit Hilfe der ihnen ergebenen Masse – zu verfolgen, physisch zu bedrohen oder auszulöschen (siehe Kapitel 3). Wie kann man sich dagegen wehren?

Was kann der Einzelne tun, um sich vor jenen zu schützen, die ihm nicht nur das vermeintlich Gute einpflanzen wollen, sondern darüber hinaus alles vermeintlich Schlechte zu beseitigen versuchen?

Die philosophische Disziplin der Ethik kann hierbei helfen, wenn sie wirklich verstanden wird als *praktische Philosophie*, welche die empirischen Tatsachen über den Menschen und sein Verhalten ernst nimmt und sich letztlich als angewandte Wissenschaft versteht. Wir müssen einfach zur Kenntnis nehmen, dass viele sozusagen groß angelegte Moralsysteme, zu ideologischen und/oder religiösen »Weltformeln« stilisiert, kläglich gescheitert sind; und, damit nicht genug, vor ihrem Scheitern ungeheures Leid über unzählige Menschen gebracht haben. Ich stelle hier folgende These zur Diskussion: Wenn sich jeder einzelne Mensch mit sich selbst darauf einigt, dass sein eigenes Leben für ihn den obersten Wert darstellt (was ja der biologischen Erwartung entspricht und daher nicht sehr schwer fallen dürfte), dann bedarf er keiner wie auch immer gearteten höheren moralischen Instanz. Findet er Zufriedenheit – um nicht zu sagen: Glück – in seinem Leben, wird er die anderen in Ruhe lassen und ihnen ein zufriedenes Leben gönnen, zumindest, solange er von ihnen seinerseits in Ruhe gelassen wird. Man mag einwenden, dass das viel zu einfach gestrickt sei. Doch bemerkte schon Einstein, der wahre Wert eines Menschen sei in erster Linie durch den Grad und Sinn bestimmt, in dem er zur Befriedung seines Ich gelangt ist. Auch wenn man Einstein keine Kompetenz in ethischen Fragen einräumen will, muss man zugeben, dass diese Bemerkung eine empirische Tatsache betreffend die menschliche Natur reflektiert, die man nicht ignorieren kann. Wenn man sich von den knöchernen Vorstellungen mancher herkömmlicher Moralsysteme verabschiedet, muss man keinen zu großen Aufwand treiben, um obige These zu begründen. Sie läuft auf einen moralischen Individualismus hinaus.

DER MORALISCHE INDIVIDUALIST

Einerseits dünkt sich der Mensch – als Spezies – über alle anderen Geschöpfe der Natur erhaben und waltet in der ihn umgebenden Natur so, als ob sie nur für ihn und seine Bedürfnisse existierte. (Die relativ junge Disziplin der *Umweltethik* soll dem Menschen nun den Wert der Natur nahebringen.) Andererseits wird ihm – als Individuum – von seinesgleichen fortgesetzt geheißen, sich in Bescheidenheit und Demut zu üben. *Selbstverleugnung* wird in verschiedenen Religionen propagiert, aber auch in unserem profanen Alltagsleben werden wir von unseren Mitmenschen immer wieder dazu ermahnt, uns nicht wichtig nehmen. Das allein wäre nicht so schlimm – die Selbstbewussten unter uns können gut damit leben –, wenn nicht die ganze Geschichte der Menschheit auch eine Geschichte der *Unterdrückung* des Individuums wäre. »Individualismus« war für die jeweils Herrschenden immer eine Gefahr und ist es bis heute geblieben. Aber auch in seinem Berufsleben und bei anderen seiner Aktivitäten wird jemand, der die Möglichkeit wahrnimmt, *anders* zu sein, seinen individuellen Bedürfnissen gemäß zu leben, oft schief angesehen. Gewiss, den Individualisten bewundert und beneidet man auch, doch ist er zugleich suspekt, weil man ihm vor allem in moralischer Hinsicht nicht so recht trauen will. Nur in einzelnen Epochen unserer Geschichte – in der Antike, in der Renaissance, im Zeitalter der Aufklärung – wurde der Eigenwert des Individuums anerkannt, oft aber auch wiederum nur von Leuten, die ihrerseits Individualisten waren und es als solche nicht immer leicht hatten. Und wer denkt, dass der Einzelne sich heutzutage viel mehr erlauben darf als in früheren Zeiten, sitzt einem Irrtum auf. Denn was an »Schrullenhaftigkeit« beim Individuum toleriert wird, hat dasselbe oft zu einem hohen Preis erst einmal zu erreichen – und muss danach stets mit verdeckten Sanktionen rechnen. Aber bleiben wir bei der Moral.

Wie auf S. 74 bemerkt wurde, haben kritische Moralphilosophen, denen die Natur der menschlichen Spezies nicht fremd ist, durchaus erkannt, dass in jedem Moralsystem der Egoismus (die Eigen- oder Selbstliebe oder wie auch immer man sagen möchte) berücksichtigt werden muss. Statt auf Selbstverleugnung ist also auf *Selbstbevorzugung* zu bauen. Das weiß vor allem der Schweizer Ethiker Jean-Claude Wolf, der in seiner kleinen Schrift *Egoismus und Moral* Folgendes bemerkt:

Wer sein Leben nicht in Entsagung zubringt, sich weder für andere noch für anderes aufopfert und den Schatten der Entfremdung auf seinem Leben und seiner Arbeit möglichst klein hält, hat im Rückblick auf sein Leben wenig zu bereuen. Der persönliche ethische Egoismus vermag unter günstigen Umständen seinem eigenen Leben Sinn und Bedeutung zu verleihen – darin liegt bereits ein Plus gegenüber der asketischen Moral der Selbstverleugnung und Selbstverkleinerung. Er oder sie wird das Leben lieben und bereit sein, es nochmals zu leben (2007, S. 64).

Ein Leben ein zweites Mal zu leben ist nun, außer in Märchen und Mythen, niemandem gegönnt, aber wichtig ist, dass das eine Leben einen individuellen, persönlichen Sinn ergibt. Freilich kann man Wolf falsch verstehen und ihm unterstellen, dass er mit dem Plädoyer für einen moralischen Egoismus – ich verwende lieber den Ausdruck *moralischer Individualismus* – den Einzelnen letztlich dazu aufruft, sich in und auf sich selbst zurückzuziehen und anderen gegenüber mit vollkommener Gleichgültigkeit zu begegnen oder sich gar bewusst unmoralisch zu verhalten. Aber das wäre ein eben falsch verstandener Wolf, der sich in verschiedenen seiner Arbeiten (siehe Literaturverzeichnis) zu zeigen bemüht, wie der Egoist durchaus zu einem Leben in Gemeinschaft fähig und moralisch zu handeln imstande ist. Persönlich kenne ich Wolf als einen liebenswerten Menschen, der alle Voraussetzungen zur Hilfsbereitschaft und Kooperation mitbringt. Er ist auch in der Tierethik beziehungsweise Tierrechtsbewegung engagiert und setzt sich somit für Kreaturen ein, die ihre eigenen Wünsche nicht artikulieren können. Er ist also nicht etwa teilnahmslos. Aber zwischen Teilnahmslosigkeit und Aufopferung für andere und anderes gibt es noch viele Möglichkeiten des Handelns, die sowohl beim Handelnden selbst als auch bei den Nutznießern seiner Handlungen positiv zu Buche schlagen.

Ich hoffe, in diesem Kapitel im Weiteren begründen zu können, warum der moralische Individualist für jede Gesellschaft die bessere Alternative darstellt als der Moralist, der auf allgemein gegebenen, unwandelbaren Werten besteht und diese allen anderen aufzwingen will.

Dabei möchte ich gleich noch einmal auf Adolf Hitler zu sprechen kommen. Von Hitler kann man gewiss nicht behaupten, dass er sich in Selbstverleugnung und Selbstverkleinerung übte. In vieler Hinsicht muss er uns sogar als der Prototyp des moralischen Individualisten erscheinen; was ihn aber von diesem wiederum grundsätzlich und im negativen Sinn abgehoben hat, war sein unbändiger Drang, allen seine Vorstellungen vom richtigen individuellen und gesellschaftlichen Leben aufzuzwingen und damit die halbe Menschheit ins Verderben zu stürzen. In der lockeren wie eindringlichen Diktion von Paul Feyerabend gesagt: »*Mein Kampf* hat ja ... eine Menge von Lösungsvorschlägen zu Dingen, die den Hitler einen Dreck angegangen haben« (1980, S. 297). Man stelle sich nun aber vor, Hitler wäre von lauter moralischen Individualisten umgeben gewesen, die ihm etwa Folgendes gesagt hätten: »Lieber Adolf, natürlich ist es in Ordnung, dass du dich für wichtig hältst und deine eigenen Pläne und Projekte hast. Aber du musst zur Kenntnis nehmen, dass auch wir unsere eigenen Interessen verfolgen und die ebenfalls für wichtig halten. Du kannst also nur in sehr begrenztem Maß auf uns zählen. Überfordern lassen wir uns von dir jedenfalls nicht.« Und man stelle sich ferner vor, Millionen von Menschen hätten, statt lautstark bei jeder Gelegenheit »Heil Hitler!« zu rufen, dem »Führer« das Götz-Zitat entgegengeschleudert .... Nun können wir nicht nur das Rad der Geschichte nicht zurückdrehen, sondern müssen auch zur Kenntnis nehmen, dass die gesellschaftliche, wirtschaftliche und politische Situation in den 1930er Jahren nicht die gleiche war wie heute. Aus heutiger Perspektive können wir über jene unseligen Jahre völlig anders urteilen als Menschen damals, mit ihren Sorgen, Nöten und Hoffnungen; sie sahen in Hitler ja nicht eines der größten Scheusale der Menschheitsgeschichte, sondern einen Heilsbringer. Die auf S. 51 beschriebenen Verhaltensantriebe halfen ihnen dabei. Und vor allem: *Wir* kennen das *Resultat* von Hitlers Machtergreifung. Einen Hitler beziehungsweise eine ihm wesensverwandte Person gilt es jedoch, eben aufgrund des uns bekannten Resultats, für alle Zukunft zu verhindern.

Bertrand Russell (1872-1970), einer der bedeutendsten Denker des 20. Jahrhunderts, meinte, dass sich das Unglück der Menschheit in zwei Klassen einteilen ließe: die Naturkatastrophen, gegen die wir uns nicht wehren können, und die von Menschen anderen Menschen zugefügten Übel. Wie könnten wir letztere vermeiden? Wohl doch nur, indem wir uns auf den Eigenwert unseres individuellen Lebens besinnen und einen solchen auch anderen Menschen beimessen, diese aber in die Schranken weisen, sobald sie die Absicht kundtun, dass sie allein nicht nur ihr eigenes, sondern auch das Wohl anderer bestimmen wollen.

Dazu nochmals einige Sätze aus der Feder von Wolf:

Der persönliche Egoist wahrt eine gewisse Distanz zu den Formen politisch organisierter oder konspirativer Formen von Gruppenegoismus. Er mischt eine Prise Exzentrik in seine Moral, die ihn davon abhält, seiner Klasse, Rasse oder seinem Geschlecht mit Haut und Haaren ergeben zu sein. Er hat Affinität mit einigen Varianten des Liberalismus, nicht mit dem Totalitarismus. Blinder Corps-Geist oder Unterwerfung unter ein Amt, ein Gesetz oder eine Institution sind ihm ein Greuel – daher seine Nähe zum antiautoritären Anarchismus. Er (oder sie) glaubt nicht an die tiefere Verbindlichkeit abstrakter Begriffe oder Ideale wie »die siegreiche Klasse des Proletariats«, die »Reinheit der Rasse« oder die »Staatsräson« (2007, S. 42).

Besser könnte ich das, was ich hier meine, auch nicht ausdrücken. Ich füge nur als kleine autobiographische Notiz hinzu, dass mir in der Schule der Gymnastik-Unterricht verhasst war, weil ich nicht einsehen wollte, warum ich zusammen mit etwa zwanzig anderen auf Geheiß eines nicht besonders intelligenten Turnlehrers irgendwelche Verrenkungen durchführen und dumm herum hüpfen sollte.

Anzuführen ist hier aber auch die Bedeutung des *zivilen Ungehorsams*. Ein im Parlament beschlossenes Gesetz müssen wir nicht unbedingt als bindend ansehen. Wir sollten uns dabei vor allem vor Augen führen, dass viele Gesetze von Abgeordneten mit beschlossen werden, die deren Entwürfe vorher nicht einmal gelesen haben und sich auch nicht sonderlich dafür interessieren, was da jeweils eigentlich beschlossen wird. Manche Gesetze werden einfach durchgepeitscht, ohne dass ihre Voraussetzungen und möglichen Konsequenzen überhaupt durchdacht werden. Wer also absoluten Respekt vor dem Gesetz fordert, sollte sich diese Umstände einmal vergegenwärtigen. Außerdem dienen viele Gesetze ohnehin bloß dem Zweck, Bürgerrechte zu beschneiden und den Einzelnen zu entmündigen. Was diesbezüglich die Regulierungswut der EU-Technokraten betrifft, darf man allerdings hoffen, dass sie sich aufgrund systemdynamischer Prinzipien von selbst totlaufen wird und mündige Bürger erst gar nicht gezwungen sein werden, ihre Kräfte zu bündeln, um jene Wut zu therapieren.

Der moralische Individualist lebt nicht abgeschottet von seiner Umgebung. Er ist wachsam und wittert instinktsicher jede Gefahr, die seinen Individualismus bedroht. Seine Devise lautet:»Wehret den Anfängen!« Der moralische Individualist ist kein Amoralist, er hilft anderen gerne, doch tut er es aus Neigung (siehe das Schiller-Zitat auf S. 21). Er erfreut sich an sozialen Kontakten, sieht sich aber nicht gezwungen, sich ständig mit anderen Leuten zu umgeben, weil er auch mit sich selbst etwas anzufangen weiß. Er bedarf keiner Moralvorschriften, da er niemandem Schaden zufügen, sondern nur in Ruhe gelassen werden will. Er ist relativ tolerant, weil er sich gut vorstellen kann, dass auch andere Menschen ähnliche Ziele verfolgen. Er ist aber intolerant, wenn er merkt, dass andere seine Toleranz missbrauchen beziehungsweise ihn als Person nicht tolerieren.

Zum letzten Punkt sei noch Folgendes bemerkt: Jeder hat das Recht, sein eigenes Leben, wie man sagt, selbst in die Hand zu nehmen und es unter ihm unerträglich scheinenden Bedingungen auch selbst zu beenden. Das damit angesprochene Problem des Suizids ist natürlich sehr komplex, und in vielen Fällen ist es dringend geboten, den zum Suizid Entschlossenen von seinem Plan abzuhalten. Aber ich kann an dieser Stelle nicht näher darauf eingehen, sondern verweise auf mein Buch *Bioethik* (siehe Literaturverzeichnis), wo ich die entsprechenden Argumente, wie ich hoffe, einigermaßen überzeugend dargelegt habe. Überzeugen kann ich hoffentlich auch mit folgender Überlegung im Hinblick auf die Toleranz beziehungsweise Intoleranz des moralischen Individualisten.

Nehmen wir zum Beispiel an, dass jemand, dem es schlecht geht, von dem Glauben beseelt sei, eine Verbesserung seines Zustands herbeiführen zu können, indem er auf einen stark erhitzten Stein uriniert. (Wem diese Annahme als weithergeholter Unsinn erscheint, der möge sich über Mythen und Sitten von Völkern in verschiedenen Zeitaltern informieren.) Da es sich dabei um keinen gefährlichen Glauben handeln würde, der einem Unbeteiligten Schaden zufügen könnte, hätten wir nicht das Recht, den Betreffenden von seinem spezifischen Harnen abzuhalten. Der moralische Individualist jedenfalls hätte keine Bedenken dagegen. Möglicherweise würde sich der Betroffene sogar – eingedenk der in der Psychologie bekannten sich selbst erfüllenden Prophezeiungen – nach dem Akt tatsächlich wohler fühlen. Ein moralischer Individualist, der nicht zufälligerweise demselben Glauben huldigt, würde sich aber nicht dazu überreden lassen, mit zu harnen. Und schon gar nicht würde er sich einem Propagandafeldzug für das Urinieren auf erhitzte Steine anschließen. Er würde das Geschehen allenfalls aus der Ferne mit einem gewissen Interesse und Amüsement beobachten.

Wie viel am Verhalten anderer Menschen oder Menschengruppen soll man jedoch tolerieren? Der moralische Individualist ist nicht teilnahmslos, er kann sich empören, und er wird seine Empörung auch zum Ausdruck bringen, wenn er sieht, dass Einzelne die Individualität anderer bedrohen (denn er könnte ja als nächster bedroht werden). Während er beispielsweise alle sexuellen Neigungen und Vorlieben von Menschen akzeptieren wird, solange die daran Beteiligten auch ihre Freude damit haben, wird er Vergewaltigung und Kinderschändung nicht nur kategorisch ablehnen, sondern sie, wo immer es ihm möglich ist, zu verhindern versuchen. Er wird auch die Steinigung einer Frau wegen Ehebruchs, der in ihrer Kultur mit dem Tode bestraft wird, nicht achselzuckend als Ausdruck einer anderen Moral hinnehmen. Anders gesagt: Wir können nicht allen Menschen und allen Verhaltensweisen und den diese Verhaltensweisen regelnden Normen auf dieselbe Weise begegnen. Das sollen wir auch nicht. Wie Feyerabend sagt: »Verschiedenen Gesichtern, Gruppen und Gemeinschaften mit verschiedenen Gefühlen zu begegnen, scheint mir humaner zu sein als ein Humanitätsgefühl, das alle (individuellen und kollektiven) Eigentümlichen einebnet« (1995, S. 76).

Welche traditionell gewachsenen Wertvorstellungen und Normen innerhalb einer Kultur gepflegt werden, geht uns nichts an, solange sie nicht eindeutig individuelle Lebenswerte verletzen. Eins ist klar: Nirgendwo auf der Welt wollen Menschen – vielleicht abgesehen von ausgesprochenen Masochisten – gequält werden; und nirgendwo auf der Welt will ein Mensch – falls er nicht zum Suizid entschlossen ist – getötet werden. Folter und Todesstrafe für Handlungsweisen, die niemandem wirklichen Schaden zufügen, sondern nur Werte verletzen, gehören zu den scheußlichsten Auswüchsen der Moral.

HÜTEN WIR UNS VOR DEN MORALISTEN!

Was ist eigentlich ein »Moralist«? Und was bedeutet »Moralismus«? Es handelt sich hier um vieldeutige Ausdrücke. Ich verstehe unter einem Moralisten erstens jemanden, der meint, seine eigenen moralischen Maßstäbe – oder die moralischen Maßstäbe seiner eigenen Sozietät – seien das Nonplusultra *jeder* Moral; und zweitens jemanden, der Moral (»Sittlichkeit«) gegenüber anderen Aspekten des (menschlichen) Lebens überbewertet. Vergessen wir eines nicht: Wenn wir beispielsweise ein Buch lesen, uns einen Film ansehen, etwas essen, ein Glas Wein trinken und so weiter – dann werden wir dabei nicht von moralischen Kriterien geleitet. Wir tun diese und viele andere Dinge einfach, weil sie uns Freude bereiten, wir gerade Lust dazu haben oder uns einfach nur die Zeit vertreiben wollen (wofür wir niemandem Rechenschaft schuldig sind). Wenngleich wir, wie auf S. 46 bemerkt wurde, auf Moral grundsätzlich nicht verzichten können, gibt es eine Menge Aspekte in unserem Leben, die keiner moralischen Leitlinien bedürfen. Ein Moralist ist also jemand, der alle Lebensaktivitäten aus moralischer Perspektive bewertet; ein sehr unangenehmer Mensch jedenfalls, der sich nicht vorstellen kann, dass andere Menschen auch einmal etwas tun, ohne vorher darüber nachzudenken, ob ihr Tun sich in irgendein Moralsystem einordnen lässt. Ein Moralist will auch einem Menschen, der sich nicht gerade in sozialer Interaktion befindet, so manches verbieten; zum Beispiel Wein zu trinken, weil er meint, dass solches einer »angemessenen Lebensführung« nicht entspricht. Moralisten pflegen ganz allgemein ihren Zeigefinger zu erheben, wenn sie bemerken, dass irgendein Mensch in ihrer Nähe ihren eigenen Vorstellungen von »angemessener Lebensführung« nicht entspricht. Was sie sich selbst – aus welchen persönlichen Gründen auch immer – nicht gönnen oder nicht gönnen zu dürfen glauben, wollen sie anderen ebenso verbieten. Daher neigen sie auch zur Denunziation. Der Erfolg jeder Diktatur ist nicht zuletzt darauf zurückzuführen, dass sie auf einen Haufen ihr ergebener Tölpel zählen darf, die davon überzeugt wurden, dass nur bestimmte Prinzipien der Lebensführung, letztlich also bestimmte moralische Regeln, zu akzeptieren seien.

Hierbei hilft ein altes, tief in unserer Stammesgeschichte verwurzeltes Prinzip: Man muss verdeutlichen können, dass alles, was nicht der eigenen Gruppennorm entspricht, schlecht sei. In seinem bereits auf S. 45 zitierten Buch schreibt Schmidt-Salomon Folgendes dazu:

Man muss bloß den Eindruck erwecken, dass diejenigen, denen man mitleidlos zu Leibe rücken will, es »auch nicht anders verdient haben«, dass sie bei genauerer Betrachtung »gar keine Menschen sind«, sondern vielmehr »Bestien«, dass sie all das repräsentieren, was »gute Menschen« aus »guten Gründen« abgrundtief verachten müssen. Wenn »die Fremden« auf diese Weise dehumanisiert werden, werden sie zum »universellen Wehe«, gegen das die Individuen aufbegehren (2009, S. 68).

Es geht dabei allerdings keineswegs nur um »Fremde«. Die »Bösen«, die »schlechten Menschen« sind austauschbar. Es kann sich bei ihnen um Juden handeln, um Homosexuelle, um Dicke, um Raucher ... Die entsprechende Ideologie vorausgesetzt, kann praktisch jede beliebige Menschengruppe diskriminiert und verfolgt werden. Schreibt eine Ideologie beispielsweise einen vegetarischen Lebensstil vor, so kann leicht jeder, der beim Verzehr eines Schweinebratens beobachtet wird, als »Mörder« apostrophiert und im Extremfall sogar als solcher behandelt werden.

Submissives, unterwürfiges Verhalten ist bei verschiedenen Säugetiergesellschaften bekannt, ein Beispiel sind Demutsgesten bei Wölfen und Hunden. Von Primaten kennt man das »Umlenken einer Drohung«, das heißt, die Tiere geben Aggressionen, die sie von ranghohen Individuen an sich selbst erfahren, an rangniedrige weiter. »Nach unten treten, nach oben buckeln« ist eine nicht erst vom Menschen erfundene Verhaltensweise. Weibchen von Mantelpavianen etwa tragen ihre Konflikte vor den Augen des Haremshalters aus. Ein Weibchen positioniert sich dabei zwischen diesem und ihrer Opponentin. Es bedroht seine Gegnerin, während es das Hinterteil – als beschwichtigende Geste – dem Haremshalter präsentiert. Die Gegnerin kann sich dann schwer wehren; denn ihre Aggression wäre automatisch auch auf den Haremshalter gerichtet, der sie dafür bestrafen würde. Die Moralisten unter uns handeln oft auf analoge Weise. Sie brauchen einen (politischen, religiösen) Führer, dem sie zwar nicht ihr Gesäß präsentieren (was in den meisten Fällen auch nicht als Beschwichtigungsgeste gedeutet werden würde), dem sie sich aber anbiedern (also umgekehrt, sprichwörtlich hinten hineinkriechen), um gleichzeitig alle Andersdenkenden in ihren Möglichkeiten einzuschränken. Hier ist natürlich auch an den *vorauseilenden Gehorsam* zu denken. Man handelt, noch bevor es überhaupt wirklich befohlen wird, so, dass man sich des Wohlgefallens eines Führers versichert. Und man richtet die Aufmerksamkeit dabei stets auf andere, nach dem Motto: »Ich bin ja ergeben, die anderen sind es nicht, die müssen bestraft werden.« Das Hitler-Regime und andere Diktaturen haben von dieser Haltung sehr profitiert.

Da die meisten Menschen keine Alphatiere sind und jenen,

die das ebenfalls nicht sind, nichts verbieten können, verlassen sie sich gerne darauf, dass »höhere Instanzen« – der Staat oder die Europäische Union – genau das durchsetzen werden, was sie wollen und für richtig halten (vgl. S. 58). In diesem Zusammenhang ist an zwei entgegengesetzte Verhaltensneigungen zu erinnern, die zum evolutionären Erbe des Menschen gehören: das Streben nach *Dominanz* – und die Disposition zur *Unterwürfigkeit*. Eine dominante Position, also eine Alphaposition ist zwar erstrebenswert, aber auch mit erheblichen Kosten verbunden. Man muss sich zuvor von unliebsamen Gegnern befreien, und hat man einmal jene Position erreicht, steht man immer unter Beobachtung, muss den hohen Rang wiederholt verteidigen und so weiter. (Politiker wissen das.) Unter Umständen ist es also viel lohnender, sich unterzuordnen. Man kann sich auf diese Weise nicht zuletzt jeder *Verantwortung* entziehen (»Die da oben sollen es richten«). Kant, der in mancher Hinsicht ein moralischer Rigorist war (siehe S. 113), wusste vom menschlichen Verhalten genug, um in seiner Schrift *Beantwortung der Frage: Was ist Aufklärung* (1785) Folgendes festzuhalten:

Es ist so bequem, unmündig zu sein. Habe ich ein Buch, das für mich Verstand hat, einen Seelsorger, der für mich Gewissen hat, einen Arzt, der für mich die Diät beurteilt, u. s. w.: so brauche ich mich ja nicht selbst zu bemühen ... andere werden das verdrießliche Geschäft schon für mich übernehmen. Daß der bei weitem größte Teil der Menschen ... den Schritt zur Mündigkeit, außer dem daß er beschwerlich ist, auch für sehr gefährlich halte: dafür sorgen schon jene Vormünder, die die Oberaufsicht über sie gütigst auf sich genommen haben. Nachdem sie ihr Hausvieh erst dumm gemacht haben, und sorgfältig verhüteten, daß diese ruhigen Geschöpfe ja keinen Schritt außer dem Gängelwagen, darin sie sie einsperreten, wagen durften: so zeigen sie ihnen hinterher die Gefahr, die ihnen drohet, wenn sie es versuchen, allein zu gehen. Nun ist diese Gefahr zwar eben so groß nicht, denn sie würden durch einigemal Fallen wohl endlich gehen lernen (vgl. 1968, Band 9, S. 53 f.).

Diese Zeilen sind von erstaunlicher Aktualität. Welche geradezu pathologischen Ausmaße die Bevormundung des Einzelnen noch annehmen wird – und inzwischen angenommen hat –, konnte Kant natürlich nicht ahnen. Aber er erkannte die Disposition des Menschen zur Knechtschaft und die Unfähigkeit vieler unserer Artgenossen, das eigene Schicksal selbst in die Hand zu nehmen.

Damit sind wir wieder beim moralischen Individualisten. Der nämlich weiß von all diesen Gefahren und lässt sich auf sie erst gar nicht ein. Im Gegensatz zum Moralisten, der sich, weil er seine eigenen moralischen Ansprüche meist nicht durchzusetzen in der Lage ist, allerlei dubiosen politischen und/oder religiösen Führern in die Arme wirft (um hier nicht noch einmal einen anderen Körperteil zu bemühen), will der moralische Individualist erst gar nichts »durchsetzen«. Er will sich aber auch nicht unterwerfen, sondern nur in Ruhe gelassen werden. Das aber bleibt oft nur sein frommer Wunsch.

Solange die Möglichkeit besteht, die in einigen Köpfen gesponnenen Moralvorstellungen vielen anderen aufzudrängen und aufzuzwingen, hat es der moralische Individualist schwer. Zum einen nämlich werden sich genügend andere finden, die sich lieber gängeln lassen, als so zu leben, wie es ihren eigentlichen Bedürfnissen entspräche. Zum zweiten tun diejenigen, die meinen, die richtigen Moralvorstellungen gepachtet zu haben, alles, um diese auch durchzusetzen. Machtmenschen und ihnen ergebene Tölpel bilden seit jeher eine unheilige Allianz. Wird erst einmal dekretiert, dass bestimmte Verhaltensweisen unmoralisch seien, kann man auch leicht ein Gesetz konstruieren, das eben jene Verhaltensweisen unter Strafe stellt. Eines der besten Beispiele dafür ist der Drogenkonsum. Wir wissen, dass Rauschmittel aller Art unsere ganze Kulturgeschichte begleiten und sich auch nichtmenschliche Lebewesen durch den Verzehr bestimmter Pflanzen gelegentlich in Rauschzustände zu versetzen wissen. Manches der großartigen Werke der Literatur und der Musik wäre nicht entstanden, hätten sich ihre jeweiligen Urheber nicht künstlicher, bewusstseinserweiternder Stimulanzien bedient. Aber eine auf Puritanismus beruhende Moral fordert Nüchternheit und will Strafe für jene, die sich anders verhalten (auch wenn sie durch ihr Verhalten niemandem Schaden zufügen, sondern nur ihr eigenes Wohlbefinden fördern). So wurde dem Gebrauch von und dem Handel mit Drogen ein unerbittlicher Kampf angesagt. In manchen Ländern kann schon der Besitz einer kleinen Menge von Rauschgift mit dem Tod bestraft werden. An allen Grenzkontrollen, auf allen Flughäfen wird geradezu krampfhaft nach Drogen gefahndet; Hunde werden eigens dazu ausgebildet, Drogen im Gepäck von – meist völlig harmlosen – Reisenden zu erschnüffeln; lässt jemand in seinem eigenen Garten oder auch bloß im Blumenbeet auf dem Balkon in geringer Menge Pflanzen wachsen, die rauschgiftähnliche Substanzen enthalten oder solche produzieren, dann darf er die Vigilanz seiner Nachbarn nicht unterschätzen und muss mit einer Polizeirazzia rechnen. Mancher Schauspieler oder Musiker ist schon über eine kleine Dosis Heroin in seiner Jackentasche gestolpert, was ihm unwillkommene Schlagzeilen bescherte. Beispiele hier zu nennen erübrigt sich, sie werden regelmäßig massenmedial ausgeschlachtet. So sehr haben sich Moralapostel, Gesetzgeber, Exekutive und Massenmedien (in seltener Eintracht) auf die Drogenbekämpfung eingeschworen, dass sie jedes Augenmaß für die wirklichen Gefahren rund um die Drogen verloren haben. Jede Sicherstellung von Drogen durch die Polizei wird in Zeitungs- und Fernsehberichten geradezu feierlich als Erfolg verkündet. Es scheint der Polizei, Staatsanwälten und Massenmedien zu entgehen, dass es sich beim Kampf gegen Drogen – deren Gebrauch und Handel – um ein hoffnungsloses Unternehmen handelt. Rauschmittel wurden in der Geschichte der Menschheit immer hergestellt und werden auch in Zukunft hergestellt werden. *Prohibition* ist, wie man aus der Geschichte der USA gelernt haben sollte, ein denkbar schlechtes Mittel, um Menschen von bestimmten Verhaltensweisen abzubringen (vgl. S. 110).

Was sich diejenigen, die Drogen um jeden Preis bekämpfen zu müssen glauben, offenbar nicht vergegenwärtigen, ist der Umstand, dass der so genannte Drogenkrieg weit mehr Menschenopfer fordert als der bloße Konsum von Drogen. Im Jahr 2009 betrug die Zahl der in diesem »Krieg« getöteten Menschen allein in der mexikanischen Grenzstadt Ciudad Juárez 2500. (Im afghanischen Bürgerkrieg wurden im selben Jahr »nur« 2300 Menschen getötet.) Es ist kaum vorstellbar, dass in Ciudad Juárez in jenem Jahr genauso viele – oder noch mehr – Menschen an den Folgen ihres Drogenkonsums gestorben sind. Da Gebrauch und Handel von Drogen kriminalisiert werden, wird künstlich eine

Situation geschaffen, vor deren Hintergrund Kampfmaßnahmen begründet werden, die allerdings mehr Schaden als Nutzen anrichten. Es empfiehlt sich, Drogen freizugeben, wodurch auch der illegale Handel mit ihnen ins Leere laufen würde. Warum hat man denn Angst vor diesem Schritt? Der Konsum von alkoholischen Getränken und der Handel mit ihnen sind ja schließlich auch erlaubt. Wer will denn die Grenze zwischen »legalen« und »illegalen« Drogen bestimmen? Offenbar handelt es sich dabei um bloße Konventionen. Heroin nein, Grüner Veltliner ja; Hände weg von Opium, aber der Konsum von Bier – auch in großen Mengen – soll erlaubt sein. Die öffentliche Verfügbarkeit von Wein und Bier führt ja nicht dazu, dass alle Leute ständig betrunken herumtorkeln. Manche Leute trinken ganz einfach keinen oder nur sehr wenig Alkohol, obwohl es ihnen erlaubt ist, ihn, auch in größeren Mengen, zu konsumieren. Würde man also den Gebrauch von Heroin, Kokain, Opium und so weiter freigeben, wäre das ziemlich sicher keine Katastrophe. Es wäre jedenfalls, nach allen Erfahrungen in der Drogenbekämpfung, das kleinere Übel. Viele, wenn nicht die meisten Menschen würden ohnehin keinen Gebrauch davon machen. Kleine Dosen Haschisch oder Kokain sind in der Gesamtbilanz jedenfalls harmloser als eine Überdosis Moral.

WIR BRAUCHEN ZUFRIEDENE MENSCHEN

Ich weiß nicht, welche Erfahrungen meine Leser machen, aber ich beobachte in meinem Bekanntenkreis eine Tendenz, die mich beunruhigt. Die Frage »Wie geht es Ihnen/

Dir?« beantworten viele der von mir so Angesprochenen zunächst nonverbal mit einem »sauren« Gesichtsausdruck, um mir dann in (mehr oder weniger) artikulierter Lautsprache knapp mitzuteilen, dass es besser sein könnte, schon einmal besser gewesen sei und so weiter und so fort. In manchen Fällen kann ich die Ursachen für das fehlende Wohlbefinden erraten, in anderen nicht. Seit einiger Zeit habe ich für den umgekehrten Fall, wenn nämlich mich jemand nach meinem Befinden fragt, einige Standardantworten parat: »Danke, gut, wenn es besser wäre, könnte ich es kaum noch aushalten« oder »Danke, gut, wenn es besser wäre, wäre es ja schon obszön« oder »Danke, in Wahrheit ist alles noch viel schlimmer, als Sie denken/Du denkst«. Mit jeder dieser Antworten löse ich – außer bei Freunden, die mich gut kennen – regelmäßig Verwunderung oder Verblüffung aus. Nachzufragen erlaubt sich bei solchen Antworten natürlich kaum jemand.

Aber im Ernst. Wurden nicht die meisten von uns dazu erzogen, dass es einem nicht zu gut gehen sollte? Oder dass man sich mit dem eigenen Wohlbefinden vor den anderen ein wenig zurückhalten sollte (da diese sich womöglich nicht wohl befinden)? Es mangelt selbstverständlich nicht an seriösen (philosophischen) Reflexionen über das »gute Leben«, aber manche von ihnen hinterlassen einen schalen Beigeschmack. Ich gehe hier nicht näher darauf ein, möchte aber betonen, dass sich der *Hedonismus*, der den Genuss und die Lust als Ziel des sittlichen (!) Handelns betrachtet, in der Philosophie nie wirklich durchgesetzt hat. Dabei ist es die einfachste (biologisch begründete) Erfahrungstatsache, dass jeder von uns Lust gewinnen und Unlust vermeiden möchte. Das war natürlich schon immer bekannt, aber da Menschen, die der Lust frönen und sich für sie unangenehme Dinge vom Leib halten wollen, wie man allgemein meint, moralisch und politisch nicht zuverlässig sind, muss man sie in ihren hedonistischen Bestrebungen einschränken. Aus Psychologie und Gehirnforschung weiß man, dass es relativ leicht ist, jemandem ein schlechtes Gewissen einzupflanzen. Daher ist es auch nicht sehr schwer, Leuten, die sich in und mit ihrer Lebensweise wohl befinden (vor allem, wenn sich die anderen in ihrer Umgebung schlecht fühlen), zu verdeutlichen, dass das so eigentlich nicht sein sollte. Der ganze Gesundheitswahnsinn unserer Tage geht in genau diese Richtung. Zwar gibt jede »Gesundheitsberatung« vor, nur das Beste für den Einzelnen zu wollen, fragt diesen aber nicht, was er selbst für sich als optimal erachtet.

Zufriedene, mit sich selbst zufriedene (!) Menschen sind gefährlich für jede Ideologie. Sie sind für »höhere Ziele« schwer bis gar nicht zu gewinnen. In George Orwells düsterem Roman *1984* – der zunehmend an Aktualität gewinnt! – reguliert »die Partei« alles und erlaubt dem Einzelnen nicht mehr, sein persönliches Glück zu finden. Selbstverständlich reguliert sie auch die sexuellen Beziehungen der Menschen. Denn »der animalische Trieb, die einfache, blinde Begierde: Das war die Kraft, die die Partei in Stücke sprengen würde« (1983, S. 117). Aber auch alles andere, auch nur für sich selbst einen Spaziergang zu machen, ist verpönt, wenngleich nicht verboten. Nichts ist ja eigentlich verboten, aber jeder, der tut, was er will, läuft Gefahr, dass er früher oder später – früher als später – »vaporisiert«, ausgelöscht wird, wovon dann freilich nicht einmal andeutungsweise gesprochen werden darf. Und worüber wie gesprochen werden darf, das reguliert die »Neusprache«.

Dass nicht nur das Denken die Sprache, sondern auch die Sprache das Denken beeinflusst, ist hinlänglich bekannt. In Orwells Roman werden fortgesetzt Wörter ausgemerzt, was das Denken einengt. Wir haben heute die »politisch korrekte« Sprache, die ähnlich funktioniert und viele reale, mit Problemen behaftete Phänomene verdecken soll. Wenn beispielsweise »verhaltensgestörte« zu »verhaltensoriginellen« Schülern und »Ausländer« zu »Menschen mit Migrationshintergrund« mutieren, dann können wir uns ja mit einem Seufzer der Erleichterung zurücklehnen. Das Geniale an unserer Neusprache im Vergleich zur Neusprache bei Orwell ist, dass sie anstelle ausgemerzter Wörter andere, zum Teil sehr wohlklingende setzt. So ist auch der Ausdruck »Naturvölker« längst verpönt. Man sagte statt dessen zunächst »Wildbeuter« und mittlerweile ist, wenn ich richtig informiert bin, nur der Ausdruck »indigene Völker« erlaubt. Denen nutzt diese Sprachregelung freilich nichts, weil sie – ganz gleich, wie wir sie bezeichnen – von unserer Zivilisation zunehmend verdrängt, ihrer Lebensräume beraubt und (zumindest indirekt) ausgerottet werden. Infam ist die Sprachregelung nicht zuletzt in der Wirtschaft (vgl. S. 126), wo man die Misere der Betroffenen, der Zukurzgekommenen, der nicht mehr Gebrauchten schönredet. Hierzu ließe sich noch sehr viel sagen, doch würde ich damit vom Thema abweichen.

Wir brauchen also zufriedene Menschen. Das ist eigentlich eine komische Formulierung. Denn wer sind dabei »wir«? Vielleicht wenige, welche die Mehrzahl der anderen zufrieden machen wollen? Das wäre Zwangsbeglückung; doch die Leser, die mir bislang gefolgt sind, werden mehr als nur ahnen, dass dies das Letzte ist, was ich anstrebe. Gefragt ist also wieder der moralische Individualist, der mündige Bürger, der in der Lage ist, sein eigenes Leben in die Hand zu nehmen und sozusagen von sich aus zufrieden zu werden. Wenn man ihn nur ließe! Zwischen dem Einzelnen und seinen politischen beziehungsweise religiösen Führern, die auch in demokratischen Gesellschaften, wenn überhaupt, nicht leicht in ihre Schranken zu weisen sind, besteht seit jeher ein prinzipieller Konflikt, ein – wie Kanitscheider in seinem auf S. 16 erwähnten Buch bemerkt – »Interessenkonflikt zwischen den Wünschen des einzelnen Bürgers, der ganz unideologisch ein gutes Leben verbringen möchte, und den Zielen der Herrschenden, die ihre Sonderstellung ausnützen, um in ihrem Hunger nach Macht politischen Zielen nachzujagen, die für die Untertanen nur Unglück bedeuten« (2007, S. 11). Man braucht dabei nicht wieder an die Machthaber des Dritten Reiches oder jene der kommunistischen Systeme zu denken (von denen praktisch nur noch Nordkorea in extremer und Kuba in milderer Form übrig geblieben sind). *Jeder* Staat ist in der Tendenz totalitär, die jeweiligen Machthaber wollen *ihre* Interessen durchsetzen, ihre »Bürger« sind für sie nur in dem Maße interessant, in dem sie Wählerstimmen abgeben. Politiker müssen daher lügen wie die Teufel. Ich gestehe, dass es mir schwerfällt, die Enttäuschung vieler Menschen über »ihre« Politiker nachzuvollziehen. Was wollen sie denn von Politikern wirklich erwarten?! Hier wird man sagen, dass ich mir selbst widerspreche. Habe ich doch auf S. 58 gefordert, dass Politiker nicht über die Köpfe ihrer Bürger hinweg Entscheidungen treffen sollen. Nun aber sieht es gerade so aus, als würde ich das Handeln von Politikern rechtfertigen. Das tue ich gewiss nicht, sondern ich plädiere dafür, dass jeder Bürger »seinen«

Politikern nicht zu viel Ernst und Vertrauen entgegenbringt und sich das Recht herausnimmt, sie zurückzupfeifen (wenngleich das nicht so einfach ist [siehe S. 96]). Anders gesagt: Wir können *trotz* Politik leben, müssen uns aber auf unsere eigenen Lebensmöglichkeiten besinnen und versuchen, diese auch durchzusetzen.

Freilich sollte hier fairerweise auch gesagt werden, dass Politiker und Politiker zweierlei sind. Der Bürgermeister einer kleinen Gemeinde steht nicht auf der Stufe des Ministerpräsidenten eines großen Landes. Er befindet sich in der Situation eines Leitwolfs und unterliegt der sozialen Kontrolle der Kleingruppe. Für ein Staatsoberhaupt gilt das nicht mehr; und noch weniger gilt es für den Präsidenten der Europäischen Union, den viele »Bürger« (dieser Union) wohl nicht einmal dem Namen nach kennen, ihn zwar mit einiger Regelmäßigkeit über das Fernsehen wahrnehmen, ohne aber zu wissen, was er eigentlich vorstellt. Die *Bürgernähe* ist Politikern, aus leicht nachvollziehbaren Gründen, vor allem bei Wahlkämpfen wichtig. Aber es sind meist nur Pflichtprogramme, die sie dabei absolvieren. Wirkliche und dauerhafte Bürgernähe praktizieren nur Regionalpolitiker, weil sie sich der Nähe ihrer Bürger auch nicht entziehen können. Die Verunsicherung, auch die moralische Verunsicherung, steigt mit der Größe der politischen Systeme. Wir Menschen sind, um es ein weiteres Mal zu betonen, Kleingruppenwesen (siehe Kapitel 1, 2); unsere Natur ist nicht zu beschwindeln. Die Konstrukteure großer und gewaltiger politischer und wirtschaftlicher Machtblöcke nehmen darauf – im Dienste ihrer eigenen Machtansprüche – keinerlei Rücksicht.

IM WOHLBEFINDEN VEREINT

Wenn sich in einem Löwenrudel alle sattgefressen haben, ruhen alle unter Büschen und Bäumen. Löwen sind gute Schläfer (man soll sie bekanntlich nicht wecken). In solcher Situation vermitteln sie ein Bild der Eintracht, der Ruhe und des Wohlbefindens. Ganz ähnlich wie wir Menschen in vergleichbarer Situation. Löwen müssen freilich jagen, um sich sattfressen zu können, was sie oft viel Zeit und Energie kostet, während wir uns in Supermärkten und Gaststätten versorgen können. Aber so wie wir, haben sie praktisch keine natürlichen Feinde. Würden sie von uns Menschen in Ruhe gelassen werden, dann wäre ihre Welt im Großen und Ganzen in Ordnung. *Unsere* Welt ist deshalb nicht in Ordnung, weil wir selbst uns gegenseitig in unserem Wohlbefinden stören. Dass Artgenossen die größten Konkurrenten sind, wurde in Kapitel 1 zwar betont und ist seit Darwin eine Trivialität. Unsere heutigen anonymen Massengesellschaften bieten der Konkurrenz allerdings völlig neue Grundlagen. Die Spezies *Homo sapiens* ist biologisch gesehen eine Einheit, aber sie ist infolge ihrer soziokulturellen Evolution in unzählige Subeinheiten unterteilt, die ihre jeweiligen Mitglieder auch als spezifische Wertegemeinschaften empfinden. Man kennt aus dem Tierreich, vor allem von Schimpansen, das Phänomen, dass gruppenfremde Individuen nicht mehr als Mitglieder derselben Art angesehen werden – was denn auch zu sehr grausamen Zusammenstößen führt.

Konrad Lorenz hat wiederholt von *Pseudospeziation* beim Menschen gesprochen und damit das Phänomen charakterisiert, dass die unterschiedlichen menschlichen Kulturen sich quasi wie neue Arten entwickeln, allerdings wesentlich schneller, als dies bei der »echten« (biologischen) Artbildung der Fall sei. So kommt es, dass Menschen verschiedener Kulturen sich gegenseitig gleichsam wie Exoten wahrnehmen. Aus evolutionsbiologischer, verhaltensbiologischer, anthropologischer und ethnologischer Perspektive wurde mittlerweile, auf der Grundlage zahlreicher empirischer Studien, oft genug auf das *Verbindende* aller Menschen (und ihrer Kulturen) hingewiesen, doch will in der »Praxis« ein friedliches Zusammenleben dennoch nicht gelingen. Der Grund dafür liegt zum einen in den unterschiedlichen Moralsystemen, die von vornherein im Konflikt miteinander stehen, zum zweiten darin, dass sich Repräsentanten mancher dieser Moralsysteme veranlasst sehen, sie *allen* Menschen aufzudrängen – und sei es, mit Gewalt.

Unter der dünnen Lackschicht von Moralsystemen mit ihren jeweils spezifischen Normen, Geboten und Verboten findet sich aber eine viel dickere Schicht emotionaler menschlicher Grundbedürfnisse, die sich schlicht und einfach darin manifestieren, dass *jedem* Menschen sein eigenes Wohlbefinden ein Anliegen ist. Wer diese elementare Tatsache akzeptiert, der wird sich notgedrungen von manchen moralischen Forderungen verabschieden, und das um so eher, als er den Wert seines eigenen Wohlbefindens erkennen wird. Und abermals sind wir beim moralischen Individualisten. Der moralische Individualist ist ein Egoist, der aber auch die anderen Egoisten akzeptiert und sich in Gemeinschaft mit ihnen wohlfühlt. Von unseren stammesgeschichtlichen Vorfahren haben wir nicht nur die Bereitschaft zu aggressivem Handeln ererbt, sondern ebenso die Bereitschaft zur Kooperation und gegenseitigen Hilfe, zur Freude am sozialen Leben, an Kommunikation und gemeinsamen Erlebnissen. Genau diese Bereitschaft gilt es zu fördern, wenn wir uns in einer friedlicheren und uns allen angenehmeren Welt wiederfinden wollen. Die sozialen und wirtschaftlichen Rahmenbedingungen der westlichen Industriegesellschaften, die allmählich jeden hintersten Winkel unseres Planeten erfassen, sind dazu jedenfalls nicht angetan. In einer Welt, in der ausschließlich Profit und Kapital regieren, verkommt die Aufforderung mancher Politiker, uns auf Werte zu besinnen, zu einem hilflosen und völlig unglaubwürdigen Gestotter. Gleichzeitig fordern manche Werbeeinschaltungen im Fernsehen gerade Heranwachsende auf nahezu aggressive Weise zu einem pathologischen Egoismus auf: »Was, teilen? Nein, ha, ha ...« oder »Geiz ist geil«. Im Gegensatz zum moralischen Individualisten hat der *pathologische Egoist* gesellschaftlich mittel- bis langfristig keine Chance. Allerdings haben, sofern seine Spezies überhandnimmt, auch Gesellschaften mittel- bis langfristig keine Chance.

Albert Camus (1913-1960) erzählt in seinem klassischen Roman *Der Fremde* von einem jungen Franzosen in Algerien, der bar aller Bindung dahinlebt und eine scheinbar freie Existenz führt, bis ihn ein dummer Zufall zum Mörder macht. Zum Tode verurteilt, erkennt er schließlich, dass Leben *Mitleben* bedeutet. Da diese Erkenntnis für ihn zu spät kommt, wünscht er am Ende nur noch, am Tag seiner Hinrichtung von vielen mit Hass gegen ihn erfüllten Zuschauern umgeben zu sein. Diese Erkenntnis kann jeder von uns billiger haben. Wir wurden in unserer Evolution mit Dispositionen zu sozialem Leben ausgestattet, die in jedem von uns das Gefühl von Wohlbefinden auszulösen vermögen. Aber wir sind sozial nicht beliebig belastbar. Daher wird es höchste Zeit, dass sich das Individuum seiner Existenzberechtigung gegen die dubioser Kollektive mit ihren selbsternannten Priestern und Führern besinnt und sich mit jenen vereint, die nichts weiter wollen, als ihr eigenes Wohlbefinden zu fördern.

Selbstverständlich darf bei all dem die Tatsache nicht übersehen werden, dass ein Drittel der heutigen Menschheit nicht genügend Lebens- beziehungsweise Überlebensressourcen zur Verfügung hat. Den Hungernden dieser Welt würde mein Plädoyer für einen moralischen Individualisten wenig bis gar nichts nützen. Sie wären wohl gern zufriedene Menschen und im Wohlbefinden vereint, doch wenn man, im Klartext gesagt, nicht genug zu fressen hat, hat man zunächst einmal andere Sorgen. Eines der größten die Menschheit bedrohenden Probleme ist seit langem schon die dramatische Bevölkerungsvermehrung. In Anbetracht dieses Umstands zeigt im Verbot von Verhütungsmitteln Moral ihr besonders zynisches, ja geradezu hässliches Gesicht. Wenn der biologische Fortpflanzungsimperativ zum religiös beziehungsweise moralisch motivierten »Kindersegen« umfunktioniert wird, dann ist die Katastrophe programmiert. Dieser Segen wird zum Fluch, wenn Menschen in die Welt gesetzt werden, die von vornherein keine Chancen auf ein zufriedenes, um nicht zu sagen glückliches Leben haben.

Es ist wohl überflüssig zu bemerken, dass die global ungleiche Verteilung von Ressourcen jene Katastrophe noch entscheidend mitbestimmt; überflüssig deshalb, weil es schon oft gesagt wurde und längst offensichtlich ist. Auf diesem Planeten müsste niemand hungern, weil er genügend Ressourcen enthält. Deren rücksichtslose und mit enormer Geschwindigkeit erfolgte Plünderung bei gleichzeitig konstanter Bevölkerungsvermehrung muss jedoch zwangsweise dazu führen, dass sich die Schere zwischen Arm und Reich immer weiter öffnet.

Zufriedenheit und Wohlbefinden möglichst vieler Menschen werden jedenfalls nur dann und dort erreicht werden können, wenn sich die Gesellschaften mit ihren Moralsystemen und Ökonomien nach den Bedürfnissen der Individuen richten – und nicht umkehrt!

EPILOG: GEGEN EINE DIKTATUR DER MORAL

> Eine freie Gesellschaft ist eine Versammlung
> reifer Menschen und nicht eine Herde von
> Schafen, geleitet von einer kleinen Gruppe von
> Besserwissern. Reife liegt nicht auf der Straße
> herum, man muß sie lernen.
>
> PAUL FEYERABEND

Werte und Normen sind keine Naturgesetze, sondern menschliche Konstruktionen. Sie sind wandelbar, sie können verändert oder aufgegeben und durch andere ersetzt werden. Da es aber keine menschliche Gesellschaft ohne irgendwelche Wertvorstellungen und Normen gibt, haben wir es hier mit anthropologischen Universalien zu tun, die in unserer Natur verwurzelt sind. Wie in Kapitel 1 gezeigt wurde, organisieren sich bestimmte Verhaltensnormen gleichsam von selbst, im Dienste des Überlebens des Individuums und der Gruppe, die in enger wechselseitiger Beziehung zueinander stehen. In den späten Phasen unserer Evolution, in den letzten paar Jahrtausenden, haben sich Werte und Normen gewissermaßen verselbstständigt, indem sie – zum Beispiel in der jüdisch-christlichen Tradition – zu Gegebenheiten stilisiert wurden, denen ein höherer, göttlicher Ursprung beigemessen wurde. Im Dekalog, in den Zehn Geboten, wurde festgelegt, was der Mensch *nicht* tun soll, was freilich zugleich impliziert, was er tun *soll*. Inwieweit zumindest das eine oder andere dieser Gebote naturgeschichtliche Wurzeln hat und elementaren Überlebensprinzipien folgt, steht hier nicht zur Diskussion.

Hingegen sei nochmals ausdrücklich festgehalten, dass es Moral an sich nicht gibt, dass sie uns nicht »von oben her« bestimmt, sondern eine Folge des stets mit Konflikten behafteten Zusammenlebens von Menschen in einer Gemeinschaft darstellt. Kraft seiner Fähigkeit zu abstraktem und metaphysischem Denken hat der Mensch es allerdings geschafft, Moralvorschriften in eine von seiner eigenen Existenz vermeintlich abgehobene Sphäre zu projizieren und sie von daher zu »begründen«. Da sich jedoch nie *alle* Menschen anmaßen durften, darüber zu entscheiden, was (moralisch) richtig oder falsch ist, und da der zivilisierte Mensch in arbeitsteiligen Gesellschaften lebt, hat sich eine Kaste von Moralhütern ausgebildet, die mit erhobenem Zeigefinger und unter Androhung von Strafen – die auf durchaus rigorose Weise auch vollzogen wurden und werden – den Einzelnen auf den »rechten Weg« zu bringen versucht. Auf diese Moralhüter sollten wir allmählich verzichten, zumal sie uns letztlich nur am guten Leben hindern und damit »unmoralisches« Handeln erst recht fördern.

Aus der in diesem Buch vertretenen Überzeugung folgt, dass es eine »reine Moral« nicht gibt. Es gibt nur handelnde Menschen, deren Handeln maßgeblich von ihren Wünschen, Vorlieben, Abneigungen und so weiter angeleitet werden. Wer die in der menschlichen Natur verwurzelten Verhaltensdispositionen kennt und ernst nimmt, muss daher verschiedene moralische Forderungen als obsolet zurückweisen, und zwar

→ die *Pflichtmoral*, die vorschreibt, bloß um der Pflicht willen zu handeln;

→ die *Sollens-* oder *Gebotsmoral,* die den Einzelnen mit Geboten überhäuft, ohne auf seine eigenen Bedürfnisse Rücksicht zu nehmen;

→ die *Verbotsmoral,* die den Einzelnen in seinem Leben einschränkt und abermals keine Rücksicht auf seine eigenen Bedürfnisse nimmt.

Zu verabschieden ist aber vor allem auch der Glaube an absolute, ewige Werte. Gerade dieser Glaube hat schon viel Leid über die Menschheit gebracht, weil er immer einer Diktatur der Moral Vorschub geleistet und die Idee der Menschlichkeit pervertiert hat. Wer meint, die einzig richtigen Wertvorstellungen und Normen zu besitzen, weil sie absolut und für immer gegeben seien, wird dazu tendieren, anderen Menschen Moral abzusprechen, und ihnen – falls er die Macht hat – im Extremfall den Krieg erklären. Wer hingegen einsieht, dass Moralprinzipien nicht universell und objektiv gegeben und schon gar nicht objektiv begründbar sind, wird im Falle moralischer Entrüstung nicht zur Waffe greifen, sondern einen Kognak nehmen oder eine Flasche Wein öffnen (siehe S. 104).

Bei vielem, was wir in unserem Leben tun, bedürfen wir keinerlei moralischer Reflexionen. Nur ein Moralist beziehungsweise moralischer Absolutist wird der Meinung huldigen, dass moralischen Prinzipien im Leben absolute Priorität zukommt. Eine solche Diktatur der Moral entspricht einer Diktatur über unser Leben und einer Unterdrückung fundamentaler Lebensbedürfnisse. Sie kommt aber auch vielen, die mit Moral wenig am Hut haben, durchaus zugute. Beispielsweise Konzernmanagern, die von ihren Arbeitnehmern vollen Einsatz bei geringer Bezahlung erwarten, um die Gewinne ihrer Konzerne steigern und auch persönlich hohe Gewinne einstreifen zu können.

Credere, obedire, combatare – »glauben, gehorchen, kämpfen« ist eine altbekannte Parole, deren Befolgung jeder mündige Bürger strikt ablehnen muss. Im Übrigen ist der Einzelne ja nicht in erster Linie Bürger. Er ist ein Individuum mit Bedürfnissen, die er zum einen Teil, mit allen seinen Artgenossen, in der Stammesgeschichte seiner Gattung erworben und zum anderen Teil in seiner eigenen Biographie – mit ihrem jeweils spezifischen Verlauf – entwickelt hat. Selbstverleugnung, Selbstaufopferung, reine Pflichterfüllung, Bescheidenheit, Askese und anderes mehr gehören nicht zu unserer biosozialen Grundausstattung. Zeigen wir denen, die sie von uns dennoch unentwegt fordern, doch die Stirn und lassen wir sie wissen, dass sie sich um *ihre* und nicht um *unsere* Angelegenheiten kümmern sollen. Lassen wir uns nicht beeindrucken oder gar einschüchtern von Phrasen wie »staatsbürgerliche Pflicht«, »Arbeitsmoral«, »Wertebewusstsein« und so weiter und so fort. Jeder von uns hat nur *ein* Leben, hier und jetzt, und es wäre schade, würde er es irgendwelcher vermeintlich »höherer Werte« wegen vertun, die ihm nichts nutzen, aber diejenigen unterstützen, die auch weiterhin anderen Menschen ihr Leben vermiesen wollen.

Vigilanz, Wachsamkeit ist angesagt; keineswegs bloß gegenüber den religiösen und politischen Führern, sondern auch gegenüber ihren unzähligen Mitläufern, selbsternannten kleinen Moralisten, die sich ihrer eigenen Erbärmlichkeit zwar nicht bewusst sind und – so wie ihre Führer – ein gefährliches Spiel der Doppelmoral betreiben und damit eine Diktatur der Moral erst ermöglichen. Vergessen wir schließlich eines nicht:

Jede politische Diktatur, jedes Terrorregime beruht auf Moralprinzipien; jeder Diktator, jeder Terrorist handelt (auch wenn er es nicht ausspricht) im Namen von Werten. Hinterfragen wir Werte, dann werden wir bemerken, dass jeder von uns nur einige relativ wenige braucht, um ein zumindest halbwegs zufriedenes Leben führen zu können. Allerdings schöpft er die aus seinem eigenen Leben, aus seinem oft reichen Fundus sozialer Beziehungen und individueller sowie sozialer Freuden, so dass er weiterer, ihm von oben diktierter Werte nicht bedarf.

GLOSSAR

Altruismus. Allgemein jedes Verhalten eines Lebewesens auf Kosten eigener Vorteile und zugunsten eines oder mehrerer anderer Lebewesen (uneigennütziges Verhalten). Reiner A. ist äußerst selten, hingegen hat der reziproke A. (als Prinzip der Gegenseitigkeit) in → Sozietäten große Bedeutung.

Biologismus. Die Übertragung biologischer Aussagen, Theorien und Modelle auf Bereiche außerhalb der Biologie ohne Berücksichtigung der Besonderheiten dieser Bereiche. Ein krasses Beispiel für den B. ist der → Sozialdarwinismus.

Doppelmoral. Verteidigung bestimmter moralischer Prinzipien bei gleichzeitiger Verletzung anderer solcher Prinzipien (siehe S. 101).

Egoismus. Im Gegensatz zum → Altruismus jedes Verhalten eines Lebewesens auf Kosten eines oder mehrerer anderer Lebewesen zugunsten eigener Vorteile (eigennütziges Verhalten).

Empathie. Mitgefühl. Beim Menschen und einigen anderen Tieren (vor allem Affen) ausgeprägte emotionale Fähigkeit, das Leid anderer nachzuvollziehen, gleichsam am eigenen Leib zu erleben.

Ethik. Philosophische Disziplin, genau gesagt eine Disziplin der praktischen Philosophie, die sich mit moralischem/unmoralischem Handeln beschäftigt und grundlegende Fragen zu klären versucht, zum Beispiel, was unter »gut« und »böse« verstanden wird. Die E. muss auf einer profunden Kenntnis der menschlichen Natur aufbauen und die Rahmenbedingungen menschlichen Handelns kritisch reflektieren.

Evolution. Allgemein Entwicklung. In der Biologie die Veränderung der Arten in mehr oder weniger langen Zeiträumen. Die wichtigste Triebkraft der E. ist die → natürliche Auslese oder Selektion. Der Begriff der E. wird auch in vielen Bereichen außerhalb der Biologie verwendet. Man spricht zum Beispiel von kultureller E., die eine gewisse Eigendynamik entwickelt, aber mit der biologischen E. untrennbar verbunden bleibt. »Träger« jeder Kultur ist das Gehirn, ein biologisches Organ, das der Evolution durch → natürliche Auslese entsprungen ist.

Evolutionstheorie. Theorie der → Evolution, das heißt vor allem eine Erklärung der Mechanismen des evolutiven Wandels zum Beispiel im biologischen oder im kulturellen Bereich.

Gruppenidentität. Identifizierung des Einzelnen mit den Prinzipien der Gruppe, in der er lebt. G. beruht auf dem tief in unserer Natur verwurzelten Bedürfnis, »irgendwo« dazuzugehören, und ist im Wesentlichen gleichbedeutend mit einem »Wir-Gefühl« (siehe S. 49). Unter bestimmten (politischen, religiösen) Randbedingungen kann sich die G. destruktiv auswirken, zu Gruppenkonflikten (von Straßenkämpfen bis zu Kriegen) mit verheerenden Auswirkungen führen.

Hedonismus. Auf die Antike zurückgehende moralische Haltung, in der Lustgewinn als Ziel des (sittlichen) Handelns erscheint. Der H. steht im Gegensatz zum → Moralismus und entspricht dem → moralischen Individualismus. Im H. bedeutet der Genuss, das Genießen das Motiv des Handelns; allerdings ist der H. nicht mit einer Aufforderung zur Zügellosigkeit zu verwechseln.

Kategorischer Imperativ. Nach Immanuel Kant das Gebot, so zu handeln, dass die Maxime des eigenen Handelns jederzeit als Prinzip einer allgemeinen Gesetzgebung gelten könnte (siehe S. 121).

Menschenrechte. Grundrechte, die jedem Menschen unabhängig von seiner Herkunft, sozialen, ethnischen oder religiösen Zugehörigkeit zustehen.

Metaphysik. Allgemein die Lehre von den Gründen und Zusammenhängen der Welt, die über das Erfahrbare hinausgehen. Auch Lehre von den »Kräften«, die die Welt zusammenhalten.

Moral. Die Summe aller Wertvorstellungen und Normen, die der Stabilisierung einer beliebigen Gesellschaft dienen. M. ist allen menschlichen Gesellschaften eigen, allerdings variiert sie hinsichtlich ihrer Inhalte und Forderungen von einer zur anderen Gesellschaft zum Teil ganz erheblich. Somit gibt es keine absolute M.

Moralischer Individualismus. Moralische Haltung, die das Individuum und sein Wohlergehen in den Vordergrund stellt. Ein moralischer Individualist pflegt seinen eigenen Lebensstil, akzeptiert aber auch die Lebensstile anderer Menschen. Er tritt für ein selbstbestimmtes Leben ein und steht Geboten und Verboten skeptisch gegenüber. (Näheres auf S. 141 ff.) Der m. I. ist das Gegenteil des → Moralismus. In diesem Buch hat er zentrale Bedeutung.

Moralismus. Eine Haltung, die menschliches Handeln praktisch ausschließlich unter moralischem Gesichtspunkt bewertet und die strikte Befolgung moralischer Regeln (ohne Ausnahmen) fordert. Wie in diesem Buch ausgeführt wird, ist der M. gefährlich und liefert Gründe dafür, warum wir nicht mehr, sondern weniger → Moral brauchen.

Natürliche Auslese. Selektion. In der → Evolutionstheorie seit Charles Darwin die hauptsächliche Triebfeder der → Evolution. Die n. A. wirkt auf der Grundlage zufällig entstandener Varianten, fördert die jeweils tauglichen und eliminiert die untauglichen Individuen. »Tauglichkeit« bezieht sich dabei auf den Fortpflanzungserfolg.

Neolithische Revolution. Jungsteinzeitliche Revolution. Bezeichnet den im Vorderen Orient vor rund 15 000 Jahren vollzogenen Übergang des Menschen vom Jäger und Sammler zu einem sesshaften Lebewesen mit Ackerbau und Viehzucht. Mit der n. R. begannen gewaltige gesellschaftliche Umwälzungen (mit Prinzipien der Arbeitsteilung und der Etablierung von Führungssystemen). Seit der n. R. hat sich auch die Weltbevölkerung exponentiell vermehrt.

Nepotismus. Vetternwirtschaft. Die Bevorzugung der eigenen Verwandten beziehungsweise einer kleinen Zahl von persönlichen Bekannten (Freunden). Der N. ist tief in unserer Natur verwurzelt; er bildet die Grundlage der gesellschaftlichen Entwicklung.

Normen. Regeln des Zusammenlebens mehrerer Individuen (auch soziale Konventionen), die meist über mehrere Generationen tradiert werden und sich in der Gesetzgebung niederschlagen.

Pflicht. Allgemein eine verbindliche Aufgabe einer Person in der Gesellschaft. Etwas abstrakter die Unterordnung des Individuums unter ein Moralsystem, welches Gehorsam einmahnt. P. ist eine sehr problematische Angelegenheit, ihre Erfüllung kann unter Umständen auch Menschenleben fordern. Eine auf P. beruhende → Moral steht im Widerspruch zu der im vorliegenden Buch vertretenen Ansicht über moralisches Handeln.

Prohibition. Allgemein Verbot, Verhinderung. Die P. verbreiteter, im Allgemeinen auch tolerierter Verhaltensweisen ist mit staatlichen Repressalien gleichzusetzen, denen die ideologisch gefährliche Überzeugung zugrunde liegt, Menschen umerziehen zu müssen. Das geradezu klassische Beispiel für P. ist das Verbot von Alkohol in den USA zwischen den Jahren 1919 und 1933.

Puritanismus. In der christlichen → Ethik und auch in allgemeiner Wortbedeutung jene Haltung, die ein asketisches Leben einfordert. Der P. steht im Widerspruch zum → Hedonismus und zum → moralischen Individualismus.

Selektion. → natürliche Auslese.

Sozialdarwinismus. Ideologische Fehlinterpretation der Lehre Darwins mit verheerenden politischen Auswirkungen. Im S. wurden Naturvorgänge in einem normativen Sinn auf menschliche Gesellschaften übertragen, gleichsam nach dem Motto: Was sich in der Natur abspielt, ist auch gut im moralischen Sinn. Darwins Formel vom Wettbewerb ums Dasein wurde dabei fälschlich zu einem »Recht der Stärkeren« umgedeutet.

Sozietät. Wird in diesem Buch gleichbedeutend mit »Gruppe« verstanden, als Zusammenschluss mehrerer Individuen, die eine Zweckgemeinschaft bilden. Anonyme Massengesellschaften sind in diesem Sinn keine Gruppen.

Soziobiologie. Wissenschaftliches Studium des sozialen Verhaltens der Lebewesen (einschließlich des Menschen) auf genetischer und evolutionsbiologischer Grundlage. Besondere Bedeutung hat dabei der reziproke → Altruismus.

Staat. Abstraktes Gebilde, das eine anonyme Massengesellschaft durch Verordnungen und Gesetze zusammenhält beziehungsweise unterdrückt. Jeder S. ist ein Herrschaftsgefüge, repräsentiert durch relativ wenige Individuen mit Herrschaftsanspruch und unterstützt durch Beamte, die diesen Anspruch exekutieren.

Sympathie. Wohlwollen eines Individuums gegenüber anderen Individuen. Die ursprünglichen menschlichen Gesellschaften waren

S.-Gruppen, Kleingruppen mit einer überschaubaren Anzahl (etwa 20 bis 50) Individuen. Die S. ist nicht beliebig ausdehnbar.

Tierethik. Relativ neue Teildisziplin der → Ethik, die moralisches Handeln des Menschen auch auf nichtmenschliche Lebewesen ausdehnt und Tieren einen moralischen Status beimisst.

Überleben. Aus evolutionsbiologischer und soziobiologischer Sicht genetisches Ü. (erfolgreiche Fortpflanzung). Allgemeiner bezeichnet Ü. auch den Umstand, dass ein Lebewesen trotz negativer äußerer Einflüsse individuell relativ lang am Leben bleibt.

Werte. Gesamtheit der Überzeugungen, die moralisches Handeln leiten. W. können sich auf konkrete Gegenstände beziehen, manifestieren sich aber vor allem auch als abstrakte Vorstellungen des gesellschaftlichen Zusammenlebens.

Wir-Gefühl. → Gruppenidentität.

Zehn Gebote. Im Alten Testament zusammengefasste Gebote beziehungsweise Verbote, die die Grundlage der jüdisch-christlichen moralischen Tradition bilden.

LITERATURVERZEICHNIS

Dieses Verzeichnis enthält alle im Text zitierten Arbeiten, darüber hinaus aber auch eine Reihe von Veröffentlichungen, die ich bei der Niederschrift des Textes verwendet habe und die zur vertiefenden Lektüre herangezogen werden können. Schriften über Ethik und Moral sind in geradezu ungeheurer Zahl verfügbar; würde ich alle anführen, wäre dieses Literaturverzeichnis um einiges länger als der Text des vorliegenden Buches. Aber das kann nicht der Zweck eines Literaturverzeichnisses sein.

Albert, H. (1980): Traktat über kritische Vernunft. Mohr (Tübingen).

Alexander, R. D. (1987): The Biology of Moral Systems. Aldine de Gruyter, New York.

Antweiler, Ch. (2009): Heimat Mensch. Was uns alle verbindet. Murmann, Hamburg.

Axelrod, R. (191): Die Evolution der Kooperation. Oldenbourg, München.

Ayala, F. J. (1987): The Biological Roots of Morality. *Biology & Philosophy* 2, 235-252.

Baruzzi, A. (1996): Philosophie der Lüge. Wissenschaftliche Buchgesellschaft, Darmstadt.

Bayertz, K. (2004): Warum überhaupt moralisch sein? Beck, München.

Becker, W. (1989): Der fernethische Illusionismus und die Realität. *Loccumer Protokolle* 75/1988, 194-201.

Brehm, A. E. (1983): Reisen im Sudan 1847 bis 1852. Edition Erdmann, Stuttgart.

Büchner, L. (1872): Der Mensch und seine Stellung in der Natur in der Vergangenheit, Gegenwart und Zukunft. Thomas, Leipzig.

Buskes, Ch. (2008): Evolutionär denken. Darwins Einfluss auf unser Weltbild. Primus Verlag, Darmstadt.

Campbell, D. T. (1975): On the Conflicts Between Biological and Social Evolution and Between Psychology and Moral Tradition. *American Psychologist* 30, 1103-1126.

Camus, A. (1953 [1984]): Der Fremde. Rowohlt, Reinbek.

Cela-Conde, C. J. (1987): On Genes, Gods and Tyrants. The Biological Causation of Morality. Reidel, Dordrecht-Boston-Lancaster.

Darwin, Ch. (1859 [1967]): Die Entstehung der Arten. Reclam, Stuttgart.

Darwin, Ch. (1871 [1966]): Die Abstammung des Menschen. Kröner, Stuttgart.

Dawkins, R. (1994): Das egoistische Gen. Spektrum Akademischer Verlag, Heidelberg-Berlin-Oxford.

Eibl-Eibesfeldt, I. (1984): Krieg und Frieden aus der Sicht der Verhaltensforschung. Piper, München-Zürich.

Einstein, A. (1934 [1970]): Mein Weltbild. Ullstein, Frankfurt/M.-Berlin.

Farrington, K. (1998): Geschichte der Folter und Todesstrafe. Die dunkle Seite der Justiz. Bechtermünz Verlag, Augsburg.

Feyerabend, P. (1980): Erkenntnis für freie Menschen. Suhrkamp, Frankfurt/M.

Feyerabend, P. (1995): Zeitverschwendung. Suhrkamp, Frankfurt/M.

Frederick, R. E. (Hrsg., 2002): A Companion to Business Ethics. Blackwell Publishers, Oxford.

Fritze, L. (2003): Die Moral der Täter. Über moralische Selbstlegitimierung in der Weltanschauungsdiktatur. Aufklärung und Kritik 10 (2), 116-141.

Geiger, G. (1992): Why There Are No Objective Values: A Critique of Ethical Intuitionism from an Evolutionary Point of View. Biology & Philosophy 7, 315-330.

Hass, H. (1999): Der Hai im Management. Instinktverhalten erkennen und kontrollieren. Wirtschaftsverlag Langen Müller/Herbig, München.

Hoerster, N. (1998): Sterbehilfe im säkularen Staat. Suhrkamp, Frankfurt/M.

Hoerster, N. (2009): Worauf basieren unsere Grundwerte? Aufklärung und Kritik 16 (1), 54-64.

Höffe, O. (Hrsg., 1997): Lexikon der Ethik. Beck, München.

Hudson, W. D. (1970): Modern Moral Philosophy. Macmillan, London.

Junker, T. und Paul, S. (2009): Der Darwin-Code. Die Evolution erklärt unser Leben. Beck, München.

Kanitscheider, B. (Hrsg., 2000): Drogenkonsum – bekämpfen oder freigeben? Hirzel, Stuttgart-Leipzig.

Kanitscheider, B. (2000): Skepsis, Dogmatismus und Aufklärung. *Aufklärung und Kritik 7* (1), 5-15.

Kanitscheider, B. (2007): Die Materie und ihre Schatten. Naturalistische Wissenschaftsphilosophie. Alibri, Aschaffenburg.

Kant, I. (1783 [1968]): Beantwortung der Frage: Was ist Aufklärung? In: Werke in 10 Bänden. Band 9. Wissenschaftliche Buchgesellschaft, Darmstadt.

Kant, (1788 [1968]): Kritik der praktischen Vernunft. In: Werke in 10 Bänden. Band 6. Wissenschaftliche Buchgesellschaft, Darmstadt.

Kropotkin, P. (1910): Gegenseitige Hilfe in der Tier- und Menschenwelt. Thomas, Leipzig.

Liessmann, K. P. (Hrsg., 2006): Der Wert des Menschen. An den Grenzen des Humanen. Zsolnay, Wien.

Lorenz, K. (1974): Das wirklich Böse. Involutionstendenzen in der modernen Kultur. In: Schatz, O. (Hrsg.): Was wird aus dem Menschen? Styria, Graz-Wien-Köln, 287-305.

Mackie, J. L. (1981): Ethik. Auf der Suche nach dem Richtigen und Falschen. Reclam, Stuttgart.

Maclean, A. (1993): The Elimination of Morality. Routledge, London-New York.

Masters, R. D. (1988): Evolutionsbiologie, menschliche Natur und politische Philosophie. In: Meier, H. (Hrsg.): Die Herausforderung der Evolutionsbiologie. Piper, München-Zürich, 251-289.

Mohr, H. (1987): Natur und Moral. Ethik in der Biologie. Wissenschaftliche Buchgesellschaft, Darmstadt.

Mynarek, H. (1998): Gedanken zur Logik der Macht. *Aufklärung und Kritik 5* (1), 27-33.

Neumann, D., Schöppe, A. und Treml, A. K. (Hrsg., 1999): Die Natur der Moral. Evolutionäre Ethik und Erziehung. Hirzel, Stuttgart-Leipzig.

Nietzsche, F. (1887 [1983]): Zur Genealogie der Moral. In: Werke in vier Bänden. Band 4. Caesar, Salzburg.

Nuttall, J. (1993): Moral Questions. An Introduction to Ethics. Polity Press, Cambridge.

Oeser, E. (1988): Das Abenteuer der kollektiven Vernunft. Evolution und Involution der Wissenschaft. Parey, Berlin-Hamburg.

Ortega y Gasset, J. (1929 [1958]): Der Aufstand der Massen. In: Ortega y Gasset, J.: Signale unserer Zeit. Europäischer Buchklub, Stuttgart-Salzburg (S. 151-304).

Orwell, G. (1949 [1983]): *1984*. Ullstein, Frankfurt/M.-Berlin-Wien.

Pieper, A. (1997): Gut und Böse. Beck, München.

Reynolds, V., Falgar, V. S. E. und Vine, I. (Hrsg., 1987): The Sociobiology of Ethnocentrism. Evolutionary Dimensions of Xenophobia, Discrimination, Racism and Nationalism. The University of Georgia Press, Athens.

Ridley, M. (1997): The Origins of Virtue. Penguin Books, London-New York.

Riedl, R. (2004): Meine Sicht der Welt. Seifert, Wien.

Roth, G. (2003): Aus Sicht des Gehirns. Suhrkamp, Frankfurt/M.

Russell, B. (1976): Unpopular Essays. Allen & Unwin, London.

Schmidt-Salomon, M. (2002): Anatomie des erhobenen Zeigefingers oder: Wie man Gott entschuldigt und die Menschen an sich bindet. *Aufklärung und Kritik 9* (1), 137-147.

Schmidt-Salomon, M. (2006): Manifest des evolutionären Humanismus. Plädoyer für eine zeitgemäße Leitkultur. Alibri, Aschaffenburg.

Schmidt-Salomon, M. (2009): Jenseits von Gut und Böse. Warum wir ohne Moral die besseren Menschen sind. Pendo, München-Zürich.

Schopenhauer, A. (1987): Schriften zur Moral und zum richtigen Leben. Auswahl. Haffmans, Zürich.

Schuppert, G. F. (2002): Gemeinwohl – ein schwieriger Begriff. *Universitas 57*, 910-927.

Sommer, V. (1994): Lob der Lüge. Täuschung und Selbstbetrug bei Tier und Mensch. Deutscher Taschenbuch Verlag, München.

Sommer, V. (2000): Von Menschen und anderen Tieren. Essays zur Evolutionsbiologie. Hirzel, Stuttgart-Leipzig.

Stäblein, R. (Hrsg., 1993): Moral. Erkundungen über einen strapazierten Begriff. Wissenschaftliche Buchgesellschaft, Darmstadt.

Strasser, J. (2003): Mit der Lüge leben. *Universitas 58*, 691-701.

Szczesny, G. (1971): Das sogenannte Gute. Vom Unvermögen der Ideologen. Rowohlt, Reinbek.

Topitsch, E. (1979): Erkenntnis und Illusion. Grundstrukturen unserer Weltauffassung. Hoffmann und Campe, Hamburg.

Troidl, H. (2003): Täuschen und Tarnen. Zur Wahrhaftigkeit in Wissenschaft und Forschung. *Minimal Invasive Chirurgie (Supplement 1)*, 1-33.

Uhl, M. und Voland, E. (2002): Angeber haben mehr vom Leben. Spektrum Akademischer Verlag, Heidelberg-Berlin.

Vaas, R. (2010): »Werde, der du bist!« – Unterwegs zu sich selbst. Teil II: Masse, Macht und Authentizität. *Universitas* 65, 593-611.

Verbeek, B. (2004): Die Wurzeln der Kriege. Zur Evolution ethnischer und religiöser Konflikte. Hirzel, Stuttgart-Leipzig.

Vogel, Ch. (1989): Von Töten zum Mord. Das wirklich Böse in der Evolutionsgeschichte. Hanser, München.

Voland, E. (1996): Konkurrenz in Evolution und Geschichte. *Ethik und Sozialwissenschaften* 7, 93-107.

Voland, E. (2007): Die Natur des Menschen. Grundkurs Soziobiologie. Beck, München.

Waal, F. de (1997): Der gute Affe. Der Ursprung von Recht und Unrecht bei Menschen und anderen Tieren. Deutscher Taschenbuch Verlag, München.

Waal, F. de (2008): Primaten und Philosophen. Wie die Evolution die Moral hervorbrachte. Hanser, München.

Watson, L. (1997): Die Nachtseite des Lebens. Eine Naturgeschichte des Bösen. S. Fischer, Frankfurt/M.

Wickler, W. (1991): Die Biologie der Zehn Gebote. Warum die Natur für uns kein Vorbild ist. Piper, München-Zürich.

Windelband, W. (1907): Präludien. Aufsätze und Reden zur Einleitung in die Philosophie. Mohr, Tübingen.

Wolf, J.-C. (2002): Das Böse als ethische Kategorie. Passagen Verlag, Wien.

Wolf, J.-C. (2004): Ethischer Egoismus. *Erwägen, Wissen, Ethik* 15, 513-519.

Wolf, J.-C. (2007): Egoismus und Moral. Academic Press, Fribourg.

Wuketits, F. M. (1993): Verdammt zur Unmoral? Zur Naturgeschichte von Gut und Böse. Piper, München-Zürich.

Wuketits, F. M. (1993): Moral Systems as Evolutionary Systems: Taking Evolutionary Ethics Seriously. *Journal of Social and Evolutionary Systems* 16, 251-271.

Wuketits, F. M. (1997):»Wie du mir, so ich dir.« Zur Evolution von Egoismus und Hilfsbereitschaft. *Universitas* 52, 1092-1102.

Wuketits, F. M. (1999): Warum uns das Böse fasziniert. Die Natur des Bösen und die Illusionen der Moral. Hirzel, Stuttgart-Leipzig.

Wuketits, F. M. (2006): Bioethik. Eine kritische Einführung. Beck, München.

Wuketits, F. M. (2007): Der freie Wille. Die Evolution einer Illusion. Hirzel, Stuttgart.

Wuketits, F. M. (2008): Wie viel Moral verträgt die Arbeitswelt? *Psychologie heute* 35 (2), 77-79.

Wuketits, F. M. (2008): Lob der Feigheit. Hirzel, Stuttgart.

Wuketits, F. M. (2009): Evolution ohne Fortschritt. Aufstieg oder Niedergang in Natur und Gesellschaft. Alibri, Aschaffenburg.

Wuketits, F. M. (2009): Darwins Kosmos. Sinnvolles Leben in einer sinnlosen Welt. Alibri, Aschaffenburg.

Wuketits, M. und Wuketits, F. M. (2001): Humanität zwischen Hoffnung und Illusion. Warum uns die Evolution einen Strich durch die Rechnung macht. Kreuz, Stuttgart.

PERSONEN- UND SACHREGISTER